图说雄安
记录雄安
感悟雄安

国内第一本
深入雄安新区访谈实录

雄安新区发展研究报告
（第三卷）

主编 范 周

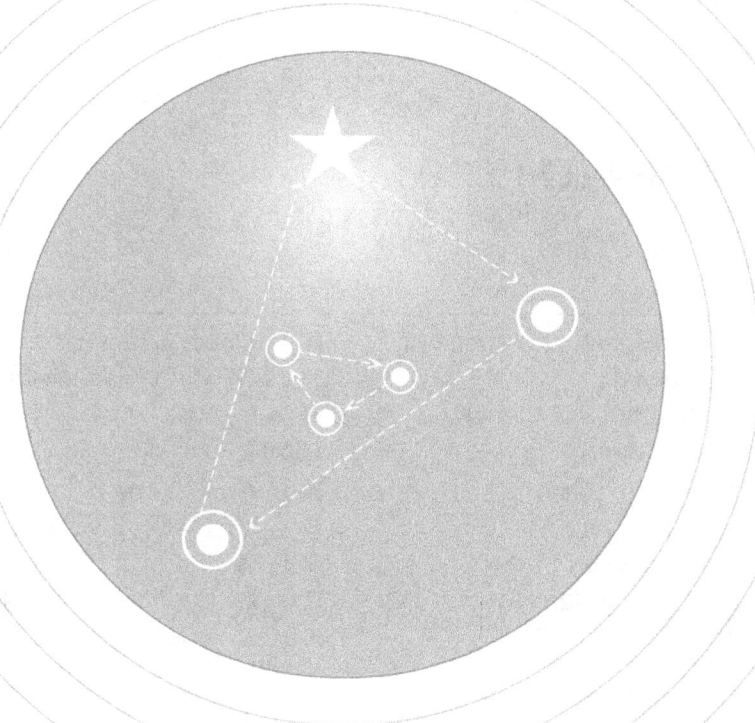

知识产权出版社
全国百佳图书出版单位

图书在版编目(CIP)数据

雄安新区发展研究报告.第三卷/范周主编.—北京:知识产权出版社,2017.9
ISBN 978-7-5130-5146-0

Ⅰ.①雄… Ⅱ.①范… Ⅲ.①区域经济发展-研究报告-河北 Ⅳ.①F127.22

中国版本图书馆CIP数据核字(2017)第227776号

内容提要

本书收录了"雄安新区百人大调研"的25篇访谈报告,连同现场拍摄、后期精选的上百幅照片,真实呈现了雄安新区民众的日常生活、就业务工的现实境况及所思所感。通过不同的视角,再现了这片充满生机活力和凝刻历史印记的城镇面貌,同时也记录下这座承载着千年大计重大使命的世界级新区在建设伊始的最本真状态。

责任编辑:李石华   责任出版:刘译文

雄安新区发展研究报告(第三卷)
XIONG'AN XINQU FAZHAN YANJIU BAOGAO (DISANJUAN)

范周 主编

出版发行:知识产权出版社有限责任公司	网　址:http://www.ipph.cn
电　话:010-82004826	http://www.laichushu.com
社　址:北京市海淀区气象路50号院	邮　编:100081
责编电话:010-82000860转8072	责编邮箱:303220466@qq.com
发行电话:010-82000860转8101	发行传真:010-82000893
印　刷:虎彩印艺股份有限公司	经　销:各大网上书店、新华书店及相关专业书店
开　本:787mm×1092mm 1/16	印　张:16
版　次:2017年9月第1版	印　次:2017年9月第1次印刷
字　数:300千字	定　价:49.00元

ISBN 978-7-5130-5146-0

出版权专有　侵权必究
如有印装质量问题,本社负责调换。

前 言

2017年4月1日，中共中央、国务院决定，将河北省雄县、容城、安新3个县城及周边部分区域合并，成立又一个具有全国意义的国家级新区，以雄安新区命名，并将其定位为一项具有重大历史性战略选择的千年大计、国家大事。

4月22日，为响应国家战略发展、推动高校智库建设，中国传媒大学迅速成立雄安新区发展研究院，通过构建和完善"政产学研融媒"等多方共同创造和分享价值的智慧生态协同平台，助力雄安新区建设与国际新城研究。中国传媒大学雄安新区发展研究院也因此成为教育部直属高校中第一家专门服务雄安新区建设的高校智库机构。

5月24日，中国传媒大学雄安新区发展研究院组织"雄安新区百人大调研"，分赴新区建设范围内的雄县、安新县、容城县和白洋淀地区开展田野大调查。作为第一支奔赴雄安进行深度调研的高校队伍，此次活动规模盛大，调研队伍由中国传媒大学经管学部 41 名教师及 121 名学生组成，覆盖应用经济学、传媒经济学、企业管理、工商管理、信息管理与工程、公共管理、艺术管理、文化产业等诸多学科，从博士后、博士、硕士到本科各层次学生全面参加，形成跨学科、多层次的联合调查研究团队。

在为期 4 天的调研中，走访了 28 个村庄、15 家企业，采访当地农户、渔家、企业管理者、教师、医生、手工业者、小商贩等 100 余人，完成了 200 多篇调研手记、调研报告和采访记录，留存 4000 余幅影像资料。本书就是基于本次调研成果所整理结集而成的雄安新区专题采访报告。

"行走雄安，感悟雄安"是贯穿本次调研的主题。这片沉寂多年的土地，这 3 座原本不为人知的小县城，长期以何种形态存在着？这里的人们平时过着怎样的生活？在宣布成为国家级新区之后的近两个月时间里，他们经历了什么？新区规划范围内的居民和村民们，对未来的生活和变化有着怎样的感受和期许？作为外来的旁观者，面对这个即将被载入历史史册即将发生翻天覆地巨变的区域，又会引发何种思考和想象？……这些疑问伴随着 160 余名师生同行。他们在亲眼目睹雄安新区的发展现状、与当地人深入访谈后，有了更直观、更真切的答案。

本书收录了此次调研的 25 篇访谈报告，连同现场拍摄及后期精选的上百幅照片，真实呈现了彼时彼刻已经成为雄安新区的 3 县村落及白洋淀区域部分民众的日常生活和所思所感。参与调研的师生们亲眼看到了依靠制造加工和外贸产业而发家致富的社会主义新农村，看到了靠水吃水、捕鱼为生的白洋淀老渔民，看到了热情接待四方游客的农家乐店主，看到了古朴村落里仍然完整保留的传统民俗技艺，也看到了"新区原住民"们对于即将到来的城市跃迁式发展所流露出的欣喜与担忧……

在每一篇采访报告的最后，都附上了采访者的调研思考，那些手记式的文字反映了本次参与调研的师生们最真实的感受。他们从调研和采访中看到了华北农村的社情民意与自然景观，看到了经济发展浪潮下的城乡面貌与各种差异，也看到了雄安新区发展建设中所面临的种种挑战与现实问题。可以说，这 25 篇带着情感和温度的鲜活笔记，通过不同的视角，再现了这片充满生机活力和凝刻历史印记的城镇面貌，同时也记录下这座承载着千年大计、重大使命的世界级新区在建设伊始的最本真状态。

前 言

作为《雄安新区发展研究报告》的第三卷，本书以个体调查、访谈采风的方式，原汁原味地记录了雄安新区建设初期人们的生活状态和心理状态。由于此期新区规划还未整体公布、许多政策还在制定过程当中，当地许多民众存在着疑虑、困惑甚至是躁动不安。因此我们有必要通过实地调研和抽样式采访，忠实记录和真实呈现雄安人民的所思、所想、所感，这也是为相关政府部门研究和制定雄安新区各种政策提供重要的依据和素材。

作为雄安新区发展研究院组织的第一次大规模田野调查，本次调研活动走访的村庄和采访的人员数量都是相对有限的，但他们也都是具有一定代表性的。在与我们的交流中，新区人民所流露和表达的关于雄安的想法，都具有明显的当下性。随着雄安新区的建设和发展，相信他们也会不断修正或调整原先的一些观点。作为雄安新区的研究者，我们有必要以第三方的身份把这个过程客观地记录下来，这对于观察雄安、理解雄安、评议雄安来说都将是重要的文化资源。

原生态、真实性地反映这一时期雄安新区部分社会成员和这一时期调查研究工作的现实状态，是本卷调研报告的主要特点，其原汁原味不仅体现在被调查者、被访谈者身上，对调查者、访谈记录者亦是如此。参加本次调研的绝大部分老师和同学都是第一次到访雄安，他们对于华北平原腹地水旱并存的地理状况、对于雄安新区的建设发展、对于改革开放近40年来中国新农村建设的认知和理解还都相对欠缺。由于思想准备、知识储备和调查技能的相对不足，导致调研访谈和交流提问稍显稚嫩和浅薄，但这些也都真实反映了我们研究团队的成长经历，因此对于个别瑕疵、纰漏和欠缺，我们也不做过多雕饰，客观地记录在本卷报告里面。

雄安新区的设立，对于集中疏解北京非首都功能，探索人口经济密集地区优化开发新模式，调整优化京津冀城市布局和空间结构，培育创新驱动发展新引擎，具有重大现实意义和深远历史意义。我们有幸成为雄安新区建设和发展的见证者和研究者，应该主动承担起这千载难逢的时代使命，既要立意高远、视野前瞻，为破解城市发展新难题、打造未来城市新典范出谋划策；同时也要脚踏实地、求真务实，为新区建设和长远发展做好基础性工作和史料性研究。本次"百人田野大调研"只是雄安新区发展研究院深入开展研究工作的一项启动性项目，本书的出版也只是前期基础性研究的阶段性成果之一。雄安新区发展研究院将始终秉持务实研究、坚持学术思考、守持发展理念、保持开放眼光，努力践行"理论与实践相结合"和"把论文写在大地上"，为雄安新区的未来发展提供智力支持。

2017 年 8 月

目录

第一章　产业与企业 ... 1
　　第一节　从家庭作坊走向外贸产业 ... 3
　　第二节　以箱包制造产业构建特色产业集群 ... 11
　　第三节　服装企业优化升级的经历与经验 ... 20
　　第四节　民营支柱企业的转型困惑 ... 39

第二章　渔猎与营生 ... 45
　　第一节　白洋淀放鹰人：村落复兴的重要力量 ... 47
　　第二节　荷花淀中的"守望者" ... 55
　　第三节　芦苇经济："小金条"时代的消逝 ... 66
　　第四节　濒临失传的传统技艺 ... 76
　　第五节　知鱼善捕的老镇长 ... 84

第三章　乡情与民情 ... 95
　　第一节　渔猎记忆，乡情悠悠 ... 97
　　第二节　华北平原腹地上的新农村 ... 105
　　第三节　平静的生活即将起波澜 ... 114
　　第四节　小规模企业的发展与挑战 ... 124

第四章　民俗与民乐 ... 133
　　第一节　民俗深厚的圈头村音乐会 ... 135
　　第二节　民间圣乐，古韵悠长 ... 146

第三节　传承百年的王派西河大鼓.. 156

　　第四节　喉清韵雅：白洋淀音乐的先行者.. 164

第五章　文人与文化.. 173

　　第一节　忠臣之后：杨氏家风遍故里.. 175

　　第二节　曲径通幽处：白洋淀诗书画院的文人风骨.............................. 185

　　第三节　白洋淀旅游"品"文化.. 195

　　第四节　安新县公共文化服务的发展现状.. 204

第六章　期待与期盼.. 215

　　第一节　站在新起点，拥抱新生活.. 217

　　第二节　脚踏实地，展望未来.. 226

　　第三节　慌乱与不安：个体经济的就业转型...................................... 233

　　第四节　期待与担忧：雄安人的朴素情感.. 239

后　　记.. 245

第一章

产业与企业

雄安新区的建设工作即将启动，打造绿色智慧新城、发展高端高新产业将是新区的重点任务之一。雄安三县的一些传统加工制造业，如果不尽快转型升级，将可能面临被淘汰的风险。面对新区未来的广阔前景，当地企业负责人清醒意识到，必须直面挑战，抓住机遇，推动产业走出发展瓶颈期，实现新的突破。

第一章 产业与企业

第一节 从家庭作坊走向外贸产业
——访安新县北六村村委会与安新县服装鞋业工厂

白洋淀的大片水域给安新特色农业带来了极大的发展优势,不论是养鸭业还是芦苇加工业都已颇具规模。而在工业上,安新的主导产业主要是有色金属加工业、制鞋业和羽绒业。经过10多年的发展历史,安新已经成了华北地区最大的废旧有色金属集散地,其制鞋业的发展也为其赢得了"南温州、北安新"的美名,成为华北地区最大的鞋业生产基地。此外,紧邻安新县城的几个村子,也依靠服装产业走上了致富的道路。

大王镇北六村,位于安新县城近郊,是雄安新区起步区所在。全村共1363户,楼房388户,耕地8000多亩。不同于一般的农村,北六村的主要经济来源是服装产业。不少村民利用自家大院四层高楼作为厂房进行服装加工生产;部分村民则作为雇工参与服装生产。作坊式的服装加工生产使得这个村的百姓早早地走上了致富道路。

相隔不远的三台镇山西村,全村共6017人,主要从事运动鞋和旅游鞋的生产制造,产品主要销往国内各省和并出口到俄罗斯、哈萨克斯坦等地。制鞋产业的发展带动了全村经济的提升,目前村民人均收入可达4万~5万元。

在北六村和山西村的调研中,我们不仅与村里的干部进行了会谈,也走访了村里从事服装生产和鞋制造的村民。在村民陈晖的家中,我们看到了家庭作坊式服装厂的生产和运作,并向陈晖了解了工厂平时的运营情况。在山西村张会想的公司里,我们看到了并排矗立的厂房,并和他就鞋厂的生产、贸易以及未来的打算等问题进行了交流。

【采访地点】安新县大王镇北六村、三台镇山西村

【采访时间】2017年5月27日10：25—17：20

【采访对象】北六村党支部书记陈克宾、村党支部副书记李克俭、北六村服装厂老板陈辉、保定市安路捷鞋制造有限公司老板张会想

【采 访 人】杨剑飞、王若晞、倪嘉玥、李渊

【整　　理】杨剑飞、倪嘉玥

一、北六村采访村支书陈克宾、副支书李克俭，北六村服装厂老板陈晖

问：北六村是什么时候开始做服装生意的？

答（陈克宾）：我们村进行大规模的服装生产是从20世纪八九十年代开始的，在这之前已经有一部分人开始做服装了。那时候隔壁村接到生产军队棉大衣的任务，村民们的日子好过了不少，我们村的村支书看到之后就到邻村去求经验，然后回来带领村民干起了棉服生产。那个时候做这个大家都还是很担心的，又想挣钱，又怕被说成是资本主义。

一开始我们的服装只是帮北京的厂商做加工，生产好了之后统一发到雅宝路去卖，后来慢慢地我们的生意好了，也开始接国外的订单，而且外贸的规模越来越大，现在村子里生产的服装大部分都是往俄罗斯那边卖的。

问：现在村子里的服装有自己的牌子吗？效益怎么样？

北六村村委会，调研组开座谈会，村支书陈克宾主持会议

答（陈克宾）：我们生产的衣服质量好价格又低，所以已经被俄罗斯市场认可了，也有了自己的牌子。现在几乎家家户户都在做服装或者相关的生意，一些规模大一点的服装厂，一年赚个一两百万是没有问题的。

问：现在咱们村里生产的服

装是自己做设计呢，还是有国外订单会给设计样式，只要加工就好了？

答（陈晖）：我们大部分还是根据客户提供的板型进行加工生产，有一部分会自己设计。我们平时的订单量比较大，有时候订单多了还会外包一些出去，一年大概能做十几万件衣服，而且大概有90%都是出口到俄罗斯的。

问：做国外贸易的时候咱们村会有人过去打点吗？

答（李克俭）：会啊，我自己就是做这方面事情的。往俄罗斯销的话主要是靠早先去俄罗斯的人帮忙联系的代理商。我们在国内讲老乡好像还没有那么深的感觉，但是到了国外，一提到老乡，顿时会很有亲切感。南

北六村开服装厂的村民陈晖自己家里盖起三层小洋楼

方的省做国际贸易的很多，他们都会以省为单位成立商会，广东、浙江都有商会，但是咱北方几个省去的人比较少，所以就联合成立了北方商会。北方商会其实在外销的过程中也起了很大的作用，现在村里的服装到俄罗斯去卖已经形成了一套模式，就算你是新入行的，只要有人带，很快就能上手，整套流程都帮你打通了，每个环节上都有人脉和资源。

问：你们这儿的工人每天工作时间有多长？

答（陈晖）：我们这的工人每天大概8、9点上班，晚上8、9点下班，有时候订单多了会加班，时间不是很固定，因为我们不是正规的公司，就是家庭作坊

北六村村民陈晖家的服装加工车间

北六村地下服装车间

形式的工厂,所以工人会自由很多。很多工人其实一天只干同一个活,比如你是钉纽扣的,那你可能一天就得钉2000多个纽扣,基本上天天如此。工作虽然枯燥点吧,但是很多年纪大一些的阿姨们在家本来也没有什么事干,出去工作的话又很难找到工作,还不如在我们的工厂里做棉服,既能挣钱,人多了也热闹些。

问:雄安新区设立后对您的生意有什么影响吗?

答(陈晖):这个消息出来之后我们接单子的时候顾虑就多了,有些单子就不敢接了,就怕接了之后还没有生产完,政府就出政策让我们搬迁,到时候反而要付大笔的违约费用。而且搬迁之后,也不一定能马上有地方给我们落脚,到时候我们得租地方当厂房,这笔费用还是项很大的开支。

问:雄安新区拆迁之后您有什么打算吗?

答(陈晖):(笑了笑)不管国家拆迁之后能给我多大的地方、多大的厂房,我还是得继续干服装加工啊。我从小就跟着我父亲做服装加工,那时候学习也没怎么学,除了这个我也干不了别的了。将来如果拆迁到别的地方只能再继续想办法呗,但是还是最想干我的老本行,干了这么多年了,人脉资源都在这里面,其实也挺舍不得离开这个行业的。

问:您以后有让孩子接班的考虑吗?

答(陈晖):我没有太多文

北六村小学,老师正在进行英语课辅导

化，那时候没有选择，父亲叫我做服装生意我就跟着做了。现在到了孩子这辈，其实也不想让他们再从事这个行业，还是应该好好上学，考个大学更重要，将来根据自己的兴趣选个喜欢的工作，就足够了。现在的孩子到了社会上，没有文化也不行，还是得好好读书，做点有技术含量的工作。

问：你们村有小学和中学吗？养老院有吗？

答（陈克宾）：我们村有一个北六村小学，周边村子里的孩子基本上都来这里上小学。我们村附近都没有中学，要上中学的话得到县城里去。养老院也没有，很多老人都是和自己的儿子女儿在一起生活，就算建了养老院，愿意去的老人也不会很多，毕竟这是面子问题，去养老院就说明你的孩子不愿意照顾你了，说出来面子上也挂不住。

二、山西村采访安路捷鞋制造有限公司老板张会想

问：您是什么时候开始做制鞋的生意的？

答（张会想）：我是从小就开始学着做鞋了，那时候我父亲就是做鞋生意的，我从小就跟着他看怎么做，看久了就会了。我

北六村小学校园，据说这是整个保定地区第一座教学楼

们一家三代人都在做这个，从一开始的家庭小作坊，后来扩大了规模，变成了现在这家公司。

问：您公司生产的鞋主要是外销吗？

答（张会想）：是的，主要是销往中东、欧洲地区，美国、日本、韩国等国家，我们帮国外订单生产鞋子的时候，都是国外自己的牌子，材料需要我们自己采购，但是也要符合国外公司材料的标准，出检测报告，鞋子的样式也是由国外公司提供的。我们公司自己也有牌子，就是安路捷，还有一个是和福建合作的 NC 慢跑鞋。我们基本上不做广告，主要是靠鞋子的质量扩大销量。现在我们自己也在开发款式，

一部分是根据别的品牌的鞋子做一些改变之后生产的。

问：三台镇现在大致有多少人在从事鞋制造呢？

答：三台镇基本上有90%的人都在做和制鞋有关的工作，生产鞋有很多工序，鞋带、鞋底都需要工厂来做，而且像我们工厂有400多人，工人早上上班的时候吃早饭，就是在厂门口的小摊上买，这些摊主大多数都是本地人，他们也算是靠制鞋产业做起的生意。我们厂里也有很多外地来的工人，河南、湖北的比较多，都是因为家里生活条件不好，就来三台镇找一份工作，除了自己在这里生活，还有一大家子要养。

问：本地的大学生一年能有多少呢？

答：我们这大学生很少，一年也出不了几个。我们这还是初中毕业的居多，读高中的都不多，这两年稍微多了些，但大多数人还是不愿意继续往下读的。因为我们这的人基本都在做鞋，所以读完初中就回家帮父母一起做生意，对于读书大家都不是太上心。像我侄子，就是读完初中来厂里帮忙的，他自己的兴趣就不在读书上，回来之后和我一块做生意，很快就上手了。

问：雄安新区设立后对你们的生意有影响吗？

调研组在安路捷公司办公室访谈

2017年5月27日下午，山西村街景

答：倒是没有多大影响，我们这订单实在太多了，做都做不完，这段时间尤其多，所以这两天工人们都在加班赶工。但是我们也在等相关的具体政策什么时候出来，毕竟还得考虑到时候怎么安置产品、怎么安置工人、怎么处理订单，所以我们也希望能

2017年5月27日下午，山西村的孩子

尽早知道搬迁的政策，好让我们早点开始准备。

问：雄安新区设立后，如果工厂搬迁了，你有什么打算吗？

答：我还是希望政府能给我们一个统一规划的地方，像工业园区一样，这样我们这些企业入驻之后还能保证货物的供应顺畅。而且这些园区要统一设计、统一建设，形成统一的风格和规模，这样不仅不用担心建设达不到环保、消防的标准，企业也不用停工，到时候建好之后我们统一用一个月左右的时间搬过去就好了，能最大可能地减少我们的损失。

不过这400多个工人怎么安置也是个问题，我们不可能把他们一起带过去，所以只能去当地招工，那这些工人学历又不高，能做的工作不多，雄安新区建成之后，他们可能就失业了，到时候怎么办？他们还有一大家子人要养，失业了就意味着他们这一家子都没了主要的经济来源，这牵扯的就多了。而且我们搬迁之后，那边是不是有足够的工人让我们雇，虽然我们工厂里的工作技术含量不是太高，但是新招的工人还是需要一段时间来适应和学习的，那我们在这段时间里就可能没办法达到原本的生产效率，这对工厂来说也是一种损失。

调研思考

小小乡村，看起来很普通甚至有些破败，破败之中却是金玉。经过这么多年发展，北六村和山西村依靠制衣制鞋这两大产业慢慢打响了名气，也让村民们走上了致富的道路。这里的服装、鞋产品远销国外，靠的不是资本运作和品牌运营，靠的是老乡和工人们的勤劳和汗水，二三十年间，村民们依托服装加工和鞋制造挣脱了土地的束缚，不断探索工业化的发展道路。

但产业发展的背后，同样也有一些问题慢慢浮现。从和当地村民的访谈中我们可以发现，这些服装和制鞋企业生产的产品中，自主设计的比例并不高。即使以自有品牌进行设计和生产，款式也较为单一重复，要么是直接模仿其他品牌的产品进行细微改动，就算作是自主设计的款式进行生产和售卖。而零售的渠道也多是超市或乡镇的店铺，很难进入商场或更为高端的零售店。因此，这些企业的品牌知名度并不高，也无法通过这些自主设计的款式去申请专利。

2017年6月27日，北六村路边标语

此外，尽管赚了钱，生活更加富裕了，但当地人的思想却故步自封在现有的生活基础上。十几年来，县城里的教育水平都没有赶上时代的大潮，当地人对于教育的认知程度也未曾发生过实质性的改变。很多人都满足于村镇里当前的产业境况，也认为服装、制鞋产业才能带动村镇的发达，教育这种软性的需求并不能给当地带来直观可见的收益。因此，村里与教育相关的基础设施都不是很完善，北六村小学的环境仍然较为简陋。

雄安新区的建设已经进入轨道，但村镇居民的观念却仍未跟进。未来新区建设中，目前这种较为低端的产业必将迎来转型升级的使命，一些缺乏技术含量的企业有可能面临被淘汰的风险。而这些劳动力密集型产业已经习惯了以廉价劳动力和低廉的材料成本来形成竞争优势，在未来的产业竞争中，这种优势又能保持多久？这些只有初中学历的村民和工人，在工厂搬迁的过程中可能将会面临失业的困境，在大批高学历人才涌入之后，他们在新环境中又该如何自处？学历不高、技能不够的年青一代未来的发展道路又在何方？

第二节　以箱包制造产业构建特色产业集群
——访容城县北河照村背包加工厂

近年来，容城县通过大力推进产业结构调整，产业转型升级步伐逐步加快，形成了以服装业为主，箱包、毛绒玩具产业等其他产业为辅的良好发展局面。据容城县人民政府门户网站2016年发布的数据显示，容城县全县加工户达到1170家，从业人员1万余人，箱包产品出口20多个国家和地区。

紧临北京周边最大的小商品集散地——白沟，对容城商贸物流和加工业具有很强的拉动作用。白沟的箱包业是河北省十大区域特色产业之一，是"全省箱包特色产业出口基地"。白沟箱包产业的繁荣发展有其他地方无法比拟的四大优势。一是交通优势明显。白沟新城地处京津冀交通网络，可以通过各种交通方式快速直达，进一步便利了资源的流动。二是产业基础雄厚，白沟箱包产业已形成了一个辐射周边10个县（市）、50多个乡镇、500多个自然村，从业人员达150万人的区域特色产业集群。拥有箱包企业近4000家，其中规模以上企业350多家，形成了从原辅材料生产到成品销售的庞大产业链和产业集群，尤其是在白沟周边半小时的车程内，与容城服装、雄县纸塑包装、安新制鞋等多种特色产业，形成了优势互补、相互带动的产业格局。三是物流体系发达。白沟依托3个物流园区，建成了完善的物流配套体系，拥有货运线路200多条，站点121家，覆盖全国所有县级以上城市，年吞吐量达1700多万吨。四是商业氛围浓厚。白沟市场是我国北方地区最大的专业化市场，已经形成了集箱包、服装、鞋帽、小商品等14个专业市场的大型综合商贸集群。

在这样的背景下，我们在北河照村村长带领下来到了村内箱包大户"伊涵布艺背包加工厂"。伊涵布艺背包加工厂虽然并不位于白沟镇，但其箱包厂规模较大，且极具代表性。从北照河村村委会步行到加工厂老板冯雪家不过5分钟的路程，在冯雪家中的后院，地上堆满了各种各样的背包，还有一些原材料。冯雪夫妻俩与父母的亲戚相邻而住，共同经营家里的箱包工厂。他们经营的伊涵布艺背包加工厂已有十几个年头。容城文化资源调研小组的同学们分别采访了冯雪夫妻俩，了解了地方箱包大户面对雄安新区成立的兴奋与不安。

北河照村伊涵布艺背包加工厂老板冯雪接受采访

第一章　产业与企业

【采访地点】容城县北河照村伊涵布艺背包加工厂
【采访时间】2017年5月24日16：00—17：00
【采访对象】伊涵布艺背包加工厂老板冯雪
【采　访　者】张秀红、周慕超、徐春晓、徐婷婷
【整　　　理】徐春晓、徐婷婷

问：是不是快把咱这村的箱包承包了？

答：没有，我们村附近基本我承包了。

问：是进口原料，再加工？

答：没有，原料是中国的，东西是出口的。

问：原料是从哪里进的？

答：白沟、义乌、广州，都有的。

问：广州也有进过来的？出口到哪儿呢？

答：很多国家，我没办法跟你说。

问：有在国内销售的吗？

答：我们全是做外贸的，最近这批货做巴西的比较多。

问：雄安新区成立以后，对村里面的日常生活有什么影响呢？

答：如果真拆迁的话，我这还怎么干呢？

问：是否对您这边会有一定的影响？

答：肯定的。

问：现在政府这边有没有跟你们谈？

答：暂时没有，我们这一期拆不到。

问：估计还要等几年以后，等到大王营镇那边建起来以后？

答：这得问领导啊，领导我这儿怎么安排啊？

答：有政策之后就知道了。

插话：厂房不能再动了，翻建什么的。

答：没有，我这厂里面工人也没在家里面，家里面只是负责发货、打包什么的，工人都没在家里面。

问：工人也是从外面招的吗？

答：我们在邯郸招的。

问：那边的成本比这边高吧？

答：那边比咱们这边工资便宜，咱们这边工资有点高。现在生意不好做，没有太大的利润，只能自己想自己的办法。

问：规模还是挺大的？

答：你没去我厂子里看，你去我厂子里看，你才知道我规模大。

问：我原来去雄县看他们自己在家里加工的羽绒服，我觉得规模已经很大了。

答：这个你看不到，这只是回来的一部分货。

问：您的工人有多少？

答：邯郸那边有400多人，总共500多人。

问：您只是加工阶段，没有自己的品牌吗？

答：有自己的品牌，但是人家老外过来，非要自己的牌子，我做的都是老外的牌子。

问：您是贴牌生产呗？

答：他自己的牌子，不叫贴牌生产，性质不一样，我只是给他代加工，他们都有自己的牌子。每个客户的标不一样。

问：您有孩子了吗？

答：有两个孩子。

问：两个孩子都还在本地吗？

答：还上学呢，刚才跑的那个是我儿子。

北河照村伊涵布艺背包加工厂所产箱包

问：以后想让他们出去上？还是在雄安？

答：到时候再说，我姑娘想出国，到时候再说。

问：那也挺好的。

问：现在大女儿多大了？

答：14岁，初三了。

问：在哪儿上的？

答：我们这边县里面一个私立中学。

问：刚才听村长说有两所？

答：就两所。

问：一年学费有多少？

答：一年将近一万块钱，不算贵，总归一个人一年下来用不了两万块钱，加上吃、花用不上两万。

问：咱这村里面做箱包生意的，大概年收入能达到多少？按家庭来说。

答：这属于个人机密问题，能不透露吗？

问：可以，我们尊重个人。

答：年收入不方便透露，其他的都可以。

问：您企业的名字？

答：伊涵布艺背包。

问：我们觉得你这个点挺好的，刚才跟村长说了半天，他还不舍得拿出来，就带我们来您这看了看，说您这个确实是村里比较有代表性的一个。

答：还行吧，现在方圆几十公里之内，我这应该是比较稳定的。

问：规模也是比较大的，有四五百人。

答：因为工人都没在家里，感觉我这边没有太大的规模一样。

问：而且你的用工辐射到了邯郸，市场辐射到了海外。

答：对，我们做的都是海外货，国内基本没有。

问：产业链还是比较长的，原料还是从白沟进？

答：白沟比较多。

问：产业链的覆盖还是比较长的？

答：国内的量比较小，再有如果都能出口咱们有这个资源为什么不用呢？，你们来的不是时候，如果前天来，我们迪拜的客户在这里，如果他能来订货，对我这影响好一点。

伊涵布艺背包加工厂北河照村厂房

问：您现在对于扩大厂房的规模，有需求吗？

答：当然。

问：有没有考虑向其他地区，比如向河北的其他地方转移？

答：如果能在我们这搞一块地皮肯定方便，因为像这些原料、箱包配件之类的东西，还有相关的产业都在我们这附近，我们跑到其他地方进货也不方便。

问：现在雄安新区一成立，估计都限制住了？

答：现在肯定限制住了，将来以后再说，咱们也无能为力。

问：您个人将来有没有规划？如果将来是偏向科技开发方面还是教育方面？

答：我现在跟曲阳那边的，一个朋友沟通，要托他们跟当地政府协商一下，想去那边搞一块地皮，在那边搞一个厂子。

问：曲阳的雕塑还是很有名的？

答：对，曲阳那边有一个朋友，现在正在给我协商，看看能不能有什么效果。

问：您还够有远见的，把未来三到五年都已经规划好了，因为的确将来这个产业肯定要整体移出去的，您心里面有没有一些小想法？

答：比如哪方面？

问：企业转型呢？产品做自主研发？或是继续做代加工、创建自己的品牌？

答：有我们自己的品牌，但是我们牌子确实不够响，咱们中国的产品做到国外去，成本低，用他的牌子做出来，发到国外去，他自己卖，我自己的牌子卖不掉，没办法。我们有牌子，一直以来客户也不认，我们做现在客户的这些牌子，生意也挺好的，暂时没必要，只能是这样。

问：将来你得慢慢培养自己的品牌。

答：想过，但是实现不容易。

问：你跃过去就是海阔天空，真的不容易。

插话：泉州、莆田都是弄鞋子，莆田现在还停留在代工阶段，泉州因为自己创新，就有了很多自己的品牌，也推出了很多很好的牌子。

答：这方面应该上面给我们一些支持，我们应该还会更好一点。

问：对，是的。

插话：政府在这方面有没有什么资金支持？

答：咱们这个地方是雄安新区，这些箱包的市场在白沟，我们相关的产业现在跟雄安新区没什么关系，跟白沟政府有关系。

问：对您这边影响也还好，白沟那边有限制吗？

答：白沟肯定没关系，肯定会鼓励这个。跟这边的关系不大，人家白沟那边跟雄安新区基本暂时没什么关系，承接的话只能是自己想办法，自己找厂房之类的，租房子，现在房租就是可劲涨，一直翻。

伊涵布艺背包加工厂老板住房

问：那边的厂房是租的还是自有厂房？

答：租的人家的地，肯定邯郸那边的地也不卖给你，租完地自己盖厂房，因为不是自己的地，也不是盖得那么好。

问：租期应该比较长吧？

答：还可以。

问：多少年？

答：没有具体规定，因为土地都属于邯郸当地的农民，他有闲置的地方，我租下来每年都要给他钱，他肯定愿意长期租给我。这个应该对他们那边关系也大，雄安新区这边关系也不大，那边应该不是问题。

问：您这大老板把生意做好了。村里面其他村民在您这里工作的多吗？

答：今年没有了，今年也就十几个人，原来半个村子和附近的全在我们家干活，帮忙很多事情，也没办法说。毕竟咱们这边工资高，能往下边做的工作都在外面做了，咱们家里面就是留几个人打打包、发发货、做一些准备工作，其他的就没什么了。

问：好的，看看小朋友们还有什么想知道的？

插话：给您一份这个，这里面有一个告知书、有一个授权书，我们刚才采访您有拍照片，对您的照片可能会有一些使用。

问：您十年以后、二十年以后会是更大的老板，今天的采访资料和照片，将会特别有价值和意义，您看这不传媒大学的老师给我做的采访吗？

答：我叫冯雪。

插话：这份给您，留一个您的电话，后面有什么问题，可以直接跟您沟通。

问：我们想对您做个深度访问，包括箱包及服装方面。

插话：您的图片如果收记在这个里面，我们会给您寄一份。这个需要您签一下，您留一个电话在下面。这个告知书您留着就行了，我们有一个口述历史博物馆，崔永元您知道吧？他做的口述历史博物馆，会收录一些。

答：你们等于把雄安新区的历史搞一下吧？

问：您想，十年二十年以后新区都建完了，里面一些现状性的东西都找不到了。

插话：我们也是为官方的规划工作提供一些参考资料。

答：这话我爱听。

问：再往高了说就是一些内参性的、决策性的，站在我们高校的角度提一些建议。

答：如果真的用的话，想着把我的名字给提一下，让他们给我批一块地。

问：批地不敢说，名字提一下可以，谢谢您。

调研思考

容城这个优势资源并不突出的华北县城，这里的诸多小镇能以服饰箱包产业闻名全国，可谓是容城人民灵活的商业思维的一个有力见证。从规模较大的服装企业到此类家族式作坊，服装加工业成为当地的实力产业，创造了大量就业岗位，养活了无数家庭。容城服装产业以贴牌加工为主要模式，借助劳动力优势，虽然每件利润极低，但以量取胜。这种传统的加工模式，也反映了我国服装加工业的基本现状。

这样的商业模式帮助他们在创业初期迅速站稳脚跟，也成为后来扩展和发展的重要优势。但是这种模式的弊端同样非常明显，即他们所需的人力成本与智力成本低，处在产业价值链的最低一环，贴牌加工的绝大部分利润都被产业链的前端层层占据。

我们此次采访的伊涵布艺背包加工厂属于自主设计、自主生产和自主销售的模式，产品远销南美，在当地箱包厂受不确定性因素的影响而减少国内订单的情况下，该加工厂的订单并未受到太大的影响，这也跟他们的销售市场有关系。在与老板交谈中，可以感觉到他们对自家工厂规模和销量的自豪。主要在于雄安新区的建立对于工厂的影响并不明显，同时为了适应雄安新区的整体规划以及工厂自身发展所需的转型升级。

雄安新区的成立将会带来怎样的变化在很多方面还是未知，租金提高、用地受限都为工厂的进一步扩张增加了难度。同时，新区定位的高度，让工厂老板对自家较为低端的工厂产生了担忧，如果不主动进行改革，工厂能否继续发展下去？观察伊涵布艺背包加工厂的箱包产品，所有款式均为自主设计，但款式老旧、质量较差，无论雄安新区的规划是否会对工厂的发展造成影响，立足于自身的突破性改革不可避免。面对新区将会带来的丰厚的人才资源，工厂老板也意识到与高效和专业的设计人才合作将会是工厂的机会。能否抓住机会，从设计上进行突破，走出生产模式的舒适区，增加产品的附加值，需要工厂"甩开膀子"，大刀阔斧地推进产业改革。

第三节 服装企业优化升级的经历与经验
——访保定津海服装股份有限公司

来之前对这个地方有无数的想象,来之后发现这其实就是一个平凡普通的县城。那些对雄安的纸面上的规划暂时还没有对这里形成太大的影响。第一天的行程主要是参观容城当地的服装工厂。首站是津海实业集团,它是当地土生土长的代表性服装加工企业。

保定津海服装股份有限公司隶属于津海实业集团,正式成立于1982年11月,发展壮大至今,已是一家集服装服饰研发、设计、制造、贸易于一体的综合性经济实体。公司占地面积30000平方米,建筑面积55000平方米,拥有国际顶级设计师1名,专业服装设计师20名,中高层管理人员、专业技术人员600多名。年生产服装近百万(套)件,产值近亿元,名列河北省服装行业龙头企业、中国服装百强企业。

津海集团生产车间内景

津海始终保持着与世界先进水平同步的高远目光，数次引进国际先进技术和设备，采用世界先进的德国生产线、意大利制作工艺和日本熨烫设备精工制作。

该企业2008年被评为中国职业装十大领军企业，2012年中国服装行业100强企业第57名，2014年中国服装行业十大品牌。其中"泉镜花"西服是该公司自主品牌，2005年被评为河北省名牌产品。津海也在私人订制的路上有所探索，开创了订制品牌"澜豹"。

津海的主打产品是西装套装和制服工装。津海一方面站稳内销市场，成功中标河北省工商行政管理局制服及铁道部铁路制服的制作项目；另一方面继续拓展外贸市场，在与国内众多外贸企业合作的基础上实现自营出口，成为英国TESCO、法国沃尔玛的西服供应商。

津海实业的服装生产线呈现出高机械化、流水线生产等特点，一切井然有序。随行工作人员给我们介绍了一件衣服从打版到确认，再到裁剪，直至最后进入流水线工序的整套流程，总计300多道工序，由50多名工人完成。其中，剪裁部分有10多道工序，车间加工有200多道工序。包装环节有50多道工序。应该说从分工来看，是比较精细化和明确的。由于津海集团大多生产的都是西服，工序较为复杂，所以一条生产线上每个工人每天重复一个动作上千次，一天的产量是350件左右。工作人员强调，低于这个数字，可能就会出现亏损的情况。产量和生产效率是企业盈亏至关重要的一个因素。

在观看的过程中，了解到津海集团的服装生产有3种基本的主要模式，分别是自主设计生产、贴牌加工和合作加工。

（1）自主设计生产。津海公司有"泉镜花"这一主要针对大众市场的自主品牌和"澜豹"这一主要面向高端定制市场的自主品牌。据工作人员介绍，高端订制业务还在初期发展过程中。私人订制的周期大概在半个月左右，而且主要都是到店量体裁衣的形式，网络销售渠道还在开发阶段。

（2）贴牌加工。3种加工方式中占比最大的就是贴牌加工，这种方式的份额可以达到企业整体业务的60%。贴牌加工也是我们之前认知中"Made in China"最为

津海集团的西服陈列展示

常见的一种加工方式。

（3）合作加工。这种加工方式与贴牌加工相比，多了一些设计自主权、采购原料的自主权和销售自主权。

津海的内销产品主要是西装和制服工装。其中工装包括军服、铁路制服、工商制服和武警制服等。津海公司通过投标的形式成功中标国内各机关企业的生产订单。津海也有着不错的海外销路。工厂负责人介绍到，通过一些外贸公司，津海找到很多海外业务，制作了大量质量上乘的校服销往英国，也和英国的"金狐狸"等品牌合作加工，面料一部分由英方提供，一部分由津海采购；设计由英方提供，津海的设计师对设计进行定版和修改。

【采访地点】保定市容城县保定津海服装股份有限公司

【采访时间】2017 年 5 月 25 日

【采访对象】牛彦军（保定津海服装股份有限公司后勤主任）、赵威（保定津海服装股份有限公司车间替补工人）

【采 访 人】王大为、张琪、杨芷青、高子健

【整　　理】王大为、张琪、杨芷青、高子健

一、保定津海服装股份有限公司样本间采访后勤主任牛彦军

答（介绍）：雄安新区成立，咱们这个地区也会有升级更新。英国金狐狸和雪中飞就是授权咱们生产的。像英国金狐狸授权给我们以后，会给我们一些自主销售权，大部分他们会收回，我们会给他发回去。

问：这个设计是对方提供的，包括版样？

答：包括版样，包括面料要求，包括质量要求，会有技术专员过来进行现场指导和监督。

问：面料呢？

答：面料有一部分是对方提供，有一部分是自己采购的。

问：在国内采购吗？

问：这个面料国内的也有，国外的也有。

问：自己采购也是经过他们同意的？

答：对。必须得达到人家的要求。

问：所有的版形都是他们设计的？

答：有的也是我们的设计师提供的，我们是合作关系，不单纯是加工和被加工的关系。

问：你们也有自己的设计师，提供了版形，他们认可也是可以采用的？

答：对。

问：金狐狸用英文怎么说，有商标吗？

答：这个不是，现在摆的这个是我们自己的，不是金狐狸的。我们跟雪中飞、

金狐狸都是合作关系,会根据他们的要求进行调整。雪中飞是咱们国内的品牌,咱们比较熟悉的是羽绒服,现在都是综合发展。

问:都有他们的标签标识?

答:商标、水洗都是他们提供的,包括质量、工期、检测,人家都是要进行跟踪的。不是说,这个衣服撂在这儿水洗,你做就行了,他不会那么放心,人家要全程跟踪。

问:最后也是验收合格了然后才……(被打断)?

答:对,必须有检验的过程。(接着介绍)这是贴牌加工,订单式的加工,这是另外一种加工方式,这种加工方式很简单,就是对方提供样版,提供布料,提供基础资料,咱们做好了再给他们发过去,就是纯代工。

问:纯代工不也要贴他的商标吗?

答:对,必须得贴人家的商标,因为咱们就是替人家生产。

问:像这种?

答:这是一种代工,但也是一种合作,我们跟红豆也有类似的合作,跟这个代工是两个概念。

问:区别在于合作关系有可能您也出一些设计?

答:对,一个是出设计,另外有一定的自主权。

问:自主权是设计方面还是什么?

答:设计、销售。

问:销售也有自主权?

答:对。这是双方的合作。

问:就不光是生产完了运给他?

答:合作关系是共同进步的方式,我们利用的是他们的品牌效益,他们是利用我们的生产技术实力,包括市场销售各个方面进一步合作。像代工这块是另外一个概念,就是他在我们这儿生产,生产完了以后,只要产品合格了,质量合格了,就走货了。他们卖得了、卖不了跟我们没关系。包括军服、铁路服、工商服,现在我们每年的生产量都很高,因为企业具备这个实力,做工装需要的机器设备、人员的实力、技术实力咱们都是具备的。像这样的布料都比较好,需要除静电,需要预缩,需要轧胶,一系列的机器设备需要的很多,因为咱们能制作西装,所以相关的要求能满足，相关的设备也都有，同时工人的技术，包括样版师的技术，对细节的要求，中间的控制，因为咱们已经有 30 年的历史了，所以有一套非常完善的体系。这个要求还高，军服也好、制服也好，穿上必须得合体。

问：这都是企业自己联系的业务吗？

答：这个要投标，要凭技术实力和社会信誉。

问：每年都会招投标？

答：两年、三年就会投招标。

问：中标了就可以接这样的订单？

答：对。

问：这些军服、铁路服、工商服，都是通过招标来接的？

答：对。铁路服去年投标了十几万套，现在正在陆续生产。

问：这些校服是内销还是外销？

答：这些校服是出口英国的。我们每年要做五六十万套，基本上英国的学生服，一大部分都是我们生产的。

问：这个渠道是怎么找来的呢？

答：也是有中间商，有贸易公司牵线搭桥。

二、保定津海服装股份有限公司生产车间采访后勤主任牛彦军

问：现在客户可以在网上订衣服？

答：对。订了以后，磁卡往这儿一拍就能显示规格是多大。

问：可以进行个性化生产？

答：可以。将来能达到私人订制，这套设备就是根据这个来的。

问：如果我在网络上面下单订这个服装，到我拿到手里，周期需要多久？

答：半个月。

问：加运输的时间吗？

答：生产时间半个月，运输要两三天。

问：为什么要那么长时间？

答：我们有一个数字采集、排版，数据来了以后设计师先排版，排版以后客户再确认，不能说排完我就裁，确认完以后再到车间裁剪。

问：那你们核心的花费时间就是和客户确认的时间？

答：客户确认，另外还有一个裁剪的过程。裁剪以后进入前期制作。

问：裁剪以后得打版吗？

答：信息传过来以后设计师会打版，打版以后会做出一个模拟的样子让客户确认，确认以后下单裁剪。

问：模拟样子我们能看一下吗？

答：现在还看不了。我们对私人订制还是以到店量体这种传统方式为主。

问：量完，打版之后裁剪了？

答：裁剪以后进入这个流程。主要就是瘦款还是肥款这几个样子。

问：实际上女装更难是吧？个性化太多。

答：现在做女装还得需要进一步的调整，主要是针对男装。

问：男装就那几个关键部件儿，无非就是瘦点儿肥点儿。这块比如说到下一个步骤了，这配完料了，磁卡也刷完了，它就会告诉你到哪一个工人那里了？

答：这个电脑会自动控制，到这儿了会把两个片儿压在一块儿，先固定一下，下一道工序再钩的时候不会走样儿。

问：这个机器就负责固定，另一个就负责钩，然后这个衣服就继续走。

答：对。现在没活儿它就停在这儿，继续往前走就到这儿，到这儿叫劈字口，就会把它劈开。劈开以后是钩，就把它翻过来了。别小看这个活儿，要做的话是很费劲的。对一些关键部位都靠这个衬。

问：每个人就干一样活儿？

答：也根据工序的难易程度，如果是复杂的工序就干这一道，如果是简单的工序会多干一点儿，这涉及计算工资。

问：这也是标准的计件吧？

答：对。

问：有这个机器，每个人干了多少活儿会计算得非常精确？

答：这个非常简单。我们是车间定岗，根据他们的生产能力，不能超过人的劳动能力范围外，我们规定一天生产300件，或者是270件……干完以后工人会自动下班，不会再让工人额外加班。

问：流水线上每个人都应该达到平均水平，要不然就会影响下一道工序？

答：对。做完就沿着边儿自动走了，再到下一道工序。

问：这道工序就完事儿了吗？

答：对。

问：总共多少道工序？

答：一套西装全部的工序是300多道，由50个工人来完成。复杂的工序一个人干一道，简单的工序一个人干两三道。为的是把这个工资平衡好了。

问：一共300多道工序？

答：是。这一个生产车间是50多个人，这50多个人共同完成一件衣服，一件衣服要过每个人的手。

问：这个车间有多少道工序？

答：车间里是200多道，裁剪有十几道。平整、包装有五六十道。因为这个分的很细，这件衣服想成型有挂牌儿，挂牌儿就好几道工序，做一件衣服是非常烦琐的。

问：这也有咱们自己的品牌吗？

答：对，咱们也有自己的品牌，设计里面包括量体、数据统计、设计、打版、裁剪……反馈都不算在工序里面。裁剪完了以后还要验片儿，验片看合不合格，验完片儿以后还要净片儿，有些片儿是毛片儿，过的时候得留点儿空间，还需要再净一遍。验片儿、净片儿，还要把它送到车间，在这其中还有一个确认，设计师对这个裁出来的样品进行确认，确认完以后进入车间。还要熨烫、上领子、开兜，这些都是前期的工序，一过去几十道工序就出来了。为什么说做衣服是针头线脑儿，确确实实是这样，就是一点儿一点儿做出来的，经过每个人的努力，每个工人的辛苦劳动，因为他在这儿一坐就要坐八九个小时，一个袖子要不停地做，不停地跟着走。我们现在一条生产线正常的产量是350件。

问：一条生产线指的是什么？

答：50多人是一条生产线，正常西装就是350件一天。一个动作要重复上千次。

问：等于还是一种目标管理，一个工人干的就是这个。

答：对，咱们不会去耗时间。

问：工人累了可以休息一会儿，那个活儿就攒在他机位前面。

答：对。咱不能太机械化，毕竟是和人打交道，就得人性化。

问：您刚才说一天要生产350件，那出厂价大概是多少？

答：这个就不一定了，一个是面料，一个是服装的难易程度，还有工艺要求，还要看品牌，西服的价格都不一样。专门上袖的机器有一个弧度，电脑上会输入相关信息，有相关的要求，摆度、尺寸都有要求。

问：这个对准了放在这儿就行吗？

答：对。

问：那里面是一个椭圆形？

答：这个本身就是椭圆形。

问：能通过这个电脑指导自己轧的线路吗？

答：现在需要做的是对齐就行了，别的不用考虑。电脑上是数据，需要多少针，有多宽，需要的幅度有多大。

问：工人不需要看这个？

答：工人不需要看这个，都是设计好的。他的任务就是不停地对齐这个。

问：这个是技术含量最高的吗？

答：对。

问：您原来是学裁缝的吗？

工人：后来练的。

问：原来没学过裁缝？

工人：学过一点儿。

问：您就是容城县人？

工人：对。

答：将来以后这就是拆二代。

问：拆二代是什么意思？

答：雄安新区第一批要拆的就是他们。

问：能采访一下他吗？

答：他这个任务完成了才能停，如果他感觉累了，或者渴了，可以休息一会儿。

他这儿有点儿忙，咱们到楼上还有一个大车间。

有员工号码、衣架处，现在押着几件活儿，如果需要更多的信息，这儿都能显示出来。

三、保定津海服装股份有限公司生产车间2层采访后勤主任牛彦军

（介绍）现在我们来到了津海集团的A车间进行考察，在我面前是一个设计部的研发室，样板看起来都是一片一片的纸片。

问：你们有自己的设计室？

答：对，这是我们企业的大脑，西服的样式出来以后，人们喜不喜欢就靠它。

（介绍）现在我们到了生产车间的二楼，据说这里面的生产方式相对于刚才的车间是更加传统的。

问：这个衣服比较简单，所以工序也少是吗？

答：工序都是一样的，只是这个衣服它集中，因为没有设备的限制。

问：但是这一趟下来才多少人啊？那边50多人。

答：这也是50多人。这两趟是一件衣服。这边是画片，要在这里画出来，比如兜具体在什么位置，上面都有固定的样本，通过画样本，我们做这一套衣服，做的不全是一个号的，有45、48、50的，或者是不同型号的，画的时候也有要求。

这件衣服，它会有相关的兜位、兜口、肩口，都非常非常明确。这个就是针对44码的，这是36的，它根据衣服不同的型号，做出来的样本也不一样，会进行定位，用水印笔芯做记号，这个笔芯到时候一遇热以后就没了，所以不会留下任何痕迹，每一道序都很讲究。

这是一个电脑，控制针距、速度，是电脑机器，这个机器不用人，根据衣服不同的要求，调好以后就是固定的。

问：这个就是你说的德国工艺是吗？

答：德国那套设备是最早引进的德国设备，那套设备跟现在的来比已经相对滞后了，现在已经更新了好几代设备。

问：还是德国的吗？

答：有德国的、有日本的，也有国内的，国内的比较少。

这个是裁袋机，是一种专业设备，原先袋带要求的角度、尺寸、定位都很费劲、

很复杂，但是用这个设备以后，这有一个红外线定位，有一个灯，裁兜的时候抓，不会出现歪线、断线的问题。

问：请问开袋是什么意思？

答：你看见这个了没？因为这个衣服做上以后，这要有牙子，这也要有牙子，这两道牙子就需要专业设备来做，因为这两道牙子用机器做出来以后，不管是宽度、水平度还是角度，都是一致的。如果拿普通机器来做，做不到这个效果，而且很复杂，你看这里面有多少东西？里子、面料、兜口，所以用这一个裁袋机，能解决好几道工序。它把这个绞开，这个位置现在看是4针，得把这绞开，窝进去，再把它熨平了，然后才能下一道工序，这一个就有6、7道工序要完成。工序都是一样的，包括他们做的内容，都大同小异，因为毕竟都是西服。

这个基础要求是一样的，就是不同的款式有不同的要求而已。每条生产线的基础实力都是相差无几的。

问：这个厂房有多少人？

答：这个厂房有500多人，比刚才那个厂房人多。

问：我真想在这住一段时间好好看一看。听说现在中国的劳动力上涨，很多品牌都选择劳动力更加便宜的亚洲国家作为生产地点，比如说巴基斯坦、越南。这对你们有什么影响吗？

答：未来产业肯定面临工资的压力，因为公司现在普遍都在提升，工资也要提高，成本肯定提高，所以我们要转型。现在为什么推自有品牌，就是要提升核心竞争力。

问：现在自己贴牌，养不起这些人，和他合作，借助它慢慢做你自己的品牌。

答：必须得跟档次比较高的去学习，你不学习光靠闭门造车也没戏。

问：将来设计师就是一个服务行业，专门进行设计。

答：现在是有专门的设计公司，现在就有。

这里是专门生产裤子的，刚刚看的是西装，裤子工序会少一点，但有时裤子生产起来也比较烦琐，尤其是裤兜这块，还有两个兜，制作起来都是比较烦琐的。

问：也是一道一道工序来的，但是没有机器传送过来？

答：对，我们是按刀说，这一刀20多件，他做完这20多件，把这20多件再转给下一个工位。

问：一刀就是20件？

答：20~30件，根据布料不同。

问：做完了就抱给下一个人？

答：对，这个好处就是可以走量。所以，情况不一样。

问：这些东西也是按计件给的？

答：对，全部是计件工资。我们都安排好了，先期工作都做到位了，这个人不用管他，因为你干这300件活，最起码得把这些活干完才行，要不然衣服没有办法继续做。

四、保定津海服装股份有限公司生产车间2层采访替补工人赵威

问：请问你叫什么名字？

答：赵威。

问：籍贯？

答：保定。

问：你是做什么工作的？

答：替补，就是所有的活都干。

问：所有的活你都会干，所有人都一样吗？我听说你们都是干一个工序？你的技术是挺全面的，所以才能做这块？

答：每个车间都有替补。

问：这个里面分男人、女人干的活儿吗？

答：（指着熨衣服的男工）当然分了，比较沉的都是男人干的，技工一般是女的。

问：有熨斗的一般是男的？

答：是的。

问：是因为这个比较重？

答：不是，一般的女的掌握不好熨烫方面的技巧。

问：哦，还有这方面的原因。你在这工作有多久了？

答：11年。

问：一直做这个工种吗？肯定有不同的变化吧？

答：一开始不是，干替补3年了。

问：之前做什么呢？

答：之前也是盯一道工序。

问：这个工作也需要培训吗？

答：对。

问：刚开始有员工培训吗？安全知识呢？

答：都有。

问：培训多长时间才能上岗？

答：1~3个月。

问：可以问一下你的工资吗？

答：可以。

问：每个月按计件？

答：嗯，计件。3000左右吧。

问：你要干多少活儿呢？计件大概有多少呢？

答：有好干的活儿，可能高点，也有可能低点。要看成衣的难度。

问：能给我们一个大概的概念吗？比如难一点的多少钱？简单一点的多少钱？

答：这个我不知道。

问：你只知道计完了以后工资的总数，并不知道怎么计出来的？

答：一件多少钱不知道。

问：3000多块钱在容城这个地方还是能生活得不错的，你是当地人吗？

答：嗯。

问：你这十多年来工资涨得情况是怎么样的？从你刚开始进车间的每一道工序价钱是怎样的，在变成替补后价钱会升高？

答：对，会升高。

问：最初11年前刚来的时候赚多少钱？

答：那会儿一年就是一万多。

问：一个月差不多1000多块钱。还是涨了，3倍的涨幅。家就是当地的？

答：容城当地的。

问：自己已经结婚有小孩了？

答：嗯。

问：这些工资还是够供孩子所有的费用？

答：够。

问：对工厂还挺满意的？

答：满意。

问：像这次雄安国家有这样的政策，你对未来有什么打算吗？

答：这得看国家的安排，走一步看一步。

问：也没有过多的担忧？

答：对。

问：你爱人也在这个公司？

答：嗯。

问：两个人都做同样的工作，平时谁来照顾孩子啊？

答：我爸我妈。

问：孩子有多大了？

答：大的10岁，小的6岁。

问：你们两个工作时间一天要多少个小时？

答：现在10个小时，加班两个小时，加班有加班费。

问：多长时间可以休息？

答：中午12点到下午1点半。

问：放假吗？

答：节假日正常放假，周末也正常休。

问：中午是在这里吃饭还是回家？

答：我回家，比较近。

问：每天中午还能回家休息一下。工厂除了这种工作，还会组织什么业余的活动吗？

答：有一个火灾演习、逃生演习，还有对职工的表彰大会。主要是安全问题，安全第一。

问：在这里做替补工人等于是一个比其他人技术都高一些的是不是？

答：对。

插话：因为他得什么都能做才能做替补。

问：您怎么学到这个技术的呢？最初是怎么踏入这个行业的呢？

答：也是感觉好奇，然后培训之后进来的。

问：刚来的时候多大？

答：17周岁。

问：初中毕业之后，经过培训就开始工作了，培训3个月？

答：对。

问：父母也是从事相关的工作吗？爸爸妈妈也做这个行业的？

答：没有。

问：就是因为家附近有工厂就过来了？

答：主要是因为这附近工厂太多，服装厂太多了。

问：是不是大多数人都是住在这里，有工厂就到这里培训、上班了？

答：对。外地的也有，但是少，差不多都是当地人。

问：等于说你们这些人在一起工作有可能又是邻居，大家都认识，是不是这样的？关系是不是应该很融洽？

答：很融洽，毕竟一起待了这么长时间，而且都是当地人。

问：而且很稳定，一工作都十多年来，其他人也是这样稳定吗？

答：最少的也是3~5年，因为工厂待遇挺高的。

问：效益还是不错的？

答：不错。

问：会不会有奖金，比如说干得好的有业绩奖金？

答：有，还有年终奖。

问：每年都有吗？

答：每年都有。

问：怎么判断呢？

答：看你出活率高低。

问：出活率怎么计算呢？

答：出成品来计算。

问：就是看您出成品的数量，怎么看质量呢？

答：质量有检验。

问：数量和质量都要看？

答：每道工序都有检验。

问：但是我看你们都是流水线的，之后成衣都是那一件，可能经过了很多人的手，怎么计算呢？工作量都是一样的，这一个产品上有你的劳动也有我的劳动。

答：你干哪道工序，哪道工序就是你的。

问：有可能有的人干两个工序，是吧？

答：对。

问：您对这的工作还满意吗？

答：满意。

问：您希望您的孩子以后是？

答：尽量上学吧，因为这个行业也不是太好，孩子毕竟还小，有文化比没文化强。

问：您觉得这个行业哪里不好呢？有没有压力？

答：没有压力，也没有什么不好的地方。

问：你们这边还是希望孩子以后不做这个？

答：现在都是有文化什么都可以做，我们是没文化的人，只能干这个。

问：这个布料的剪裁、灰尘啊，对身体有没有伤害？

答：没有。

问：你们一直都这样，不用戴口罩？

答：我们这些都是毛料，没有什么污染。

问：这些原料是自己生产还是从外面买进来的？

答：不知道，那是老板的事。

问：你们有没有那种一天完不成工作量的事，自己加班加点来完成？

答：也有，但是少。衣服都能完成。

问：最初你们接受了培训来这工作的，在工作期间还会再培训吗？

答：会定期培训。

问：是由工厂组织的吗？

答：工厂组织。

问：怎么个形式呢？是要给大家展示技术的过程，还是有人教？

答：有人教，有专业的样板师傅教。

问：刚才我们看的那个设计室的那几个人过来培训你们？

答：对。

问：所有人都要去学是吗？

答：是的。

问：那些样板师傅是外聘过来的还是本地人？

答：外聘过来的。

问：你们年假也是放7天？

答：年假不是，年假一般时间比较长，十几天吧。

问：你们年前会比较忙吗？

答：年前会比较忙。

问：这一年什么时候是淡季？什么时候比较忙呢？有什么规律吗？

答：也没什么不忙的时候，差不多一年都是这样的。

问：一直都在做西服？

答：是的，没有季节变化，一直都在做西服。

问：你在做的过程中会知道这是国外的一些品牌来加工的还是国内的吗？从制作的工艺上能感觉变化吗？

答：都差不多，感觉不出来。

问：我看到你们那个厂房机械化程度更高一些，这边就没有那么多机器。

答：关键就是传送带、零部件儿和这不一样。

问：但是做衣服的工艺都是一样的？

答：一样的。

问：不会说这边对你们技术要求更高一些？

答：没什么，一样的。

问：那分配工人的时候也都是一样的吗？

答：一样的。

问：你有时候也会到那边的机房吗？

答：我只能负责这一个车间，要去那边还要经过培训。

问：不同的车间，不同的培训方法？

答：是的。因为他们的工艺跟我们的工艺都不一样。（指生产线机械化程度不同）

问：而且我看这边除了西服以外还有长裤？

答：这边有单件、有套装。

问：这个西服我看没有配裤子？

答：都是单件。

问：但是有的时候会有一套的？

答：对。

问：新老员工会有一个衔接吗？新来的员工，老员工会带他们吗？

答：会，这是必须的。

问：大家都是很无私地去教，不会担心把你教会了我没有饭碗了？

答：不会的，保证把这西服的质量做好了就行，不能说我把手艺传给你了，我干不了了，不可能的，我教会了他，他能把质量把关好了。

问：你也带过徒弟了吧？

答：有。

问：哪个是你的徒弟？

答：现在都不在这了，换职业了。

问：觉得有更好的地方发展了？

答：有更好的地方发展了。

问：比如说呢？你以前的徒弟去哪里了？

答：当个老板。

问：哦，自己做生意了，没有一个留在这儿的啊？

答：嗯。

问：当老板也是做相关的行业吗？

答：他们做毛绒玩具，也是在容城。

调研思考

深入访谈之后,我们对容城的服装产业有了更加深刻的认识,同时也发现在各大服装厂表面繁荣的背后有许多固有问题。例如劳动力问题。服装生产重复性动作的枯燥、高密集程度的工作,使得服装厂对年轻劳动力的吸引力大不如前,这导致了服装厂缺乏新鲜血液,甚至面临劳动力短缺的问题;另外,厂内现有年轻工人的生产积极性不高,在参观途中也可以看到工人偷懒发呆的现象。

其次是历史悠久的各大服装厂对于"互联网+"技术的运用问题。尽管负责人多次提到了"私人定制"的企业特色,但也仅仅是停留在对尺寸不同的客户在现有款式上的加工生产,并没有实现真正意义上的"私人定制"。对于如何深入挖掘"私人订制"以及如何与"互联网+"技术的进行融合,容城的服装产业显然还有很长的一段路要走。

最后是品牌附加值低的问题。各大服装厂贴牌加工份额达到企业整体业务的60%,原创设计能力不足,品牌附加值低。主要依靠赚取加工费来维持一家企业的发展是远远不够的。这种方式不仅适应不了今天雄安新区对服装产业的要求,也适应不了正在整体转型的中国服装产业的要求。然而,大型企业对既定模式的依赖性比较强,转型升级难度大,企业发展任重道远。

面对以上种种问题,我们不禁想问:"Made In China"路在何方?

第四节 民营支柱企业的转型困惑
——访河北雄县泰斗电缆集团

河北省保定市雄县处于冀中平原的京、津、保三角腹地。北距首都 108 公里，东距天津 100 公里，西距保定 70 公里，四通八达。全县面积 524 平方公里，人口 32 万多，耕地 56 万亩，地势平坦。属温带大陆性气候，四季分明。县城面积近 10 平方公里，是一座历史悠久、物阜境优的文明古城。雄县自然资源丰富，为华北油田主产区，全县境内有油井 800 多眼。地下热水资源具有储量大、埋藏浅、温度高、水质好等特点，号称"华北之冠"。

从 2017 年 4 月 1 日起，雄安新区吸引了全国人民的目光。这个被新华社称为是"继深圳经济特区和上海浦东新区之后又一具有全国意义的新区""千年大计、国家大事"的消息实在显得太过重大。调研组从学校驱车两个半小时来到了雄县。雄县是

会客厅的墙上挂满了泰斗集团的许可证书和荣誉证书，可以看出一个大企业的累累硕果以及它的气派与自信

橱窗里展示着泰斗集团生产的电缆样品，董事长许领华介绍说该厂一共有一千多种产品

个开车20分钟就能转一圈的小县城，但县政府门前的主干道却是宽阔的八车道。这里有限行的标志，正如座谈会上企业家所言，雄县藏富于民，有车族很多，这个小小的县城已无法承载日益增长的车流量，只能像大城市一样采取限行措施。在雄县最繁华的街道上，有Nike店、九牧王男装、手机修理店，相比我去过的县城，雄县是较为繁华与富足的。有的街道仍是空荡荡的，街道两旁有很多待建的工程、待拆的房屋，还有写着"来到雄县，一切都好办"的横幅，似乎正在见证着这个城市的悄然巨变。

早在20世纪80年代，雄县民营经济已经位列河北省30强行列。经过30多年的快速发展，雄县的工业经济也初步完成了原始资本积累阶段。如今，已经形成塑料包装、电器电缆、压延制革、乳胶制品四大支柱产业。雄县官方最新数据显示，2016年，雄县民营经济组织达到15523个，民营经济实现营收432.5亿元，增加值81.9亿元。尽管在技术和装备上，四大支柱产业在国内处在领先地位，从业人员众多，但是普遍存在科技含量低、产品附加值低，以及大群体、小规模等不利条件。

来到雄县之前，我猜想当地人面对新区是兴奋而期待的。而当我们走访了10家雄县的企业后，企业家和工人们纷纷表达出对未来的迷茫和忧虑。我印象最深的是河北泰斗线缆集团有限公司。

泰斗集团是雄县一家较大的民营企业，公司现有员工618人，其中高、中级专业技术人员77人，占地面积58600平方米，建筑面积35000平方米。主要生产各种电线电缆。公司技术力量雄厚，生产设备先进，检测设备齐全，拥有完善的质量保证体系。公司主要业绩有第29届奥运会鸟巢、水立方等14个场馆建设工程、中铁电气化局北京地铁15号线工程、大唐锡林浩特煤化工改造工程等。

董事长许领华在泰斗集团大楼的会客厅里热情接待了我们。在调研第一天的座谈会上，许领华穿着中式蚕丝面料的短袖，身形略显富态，在会上时而凝神深思，时而高谈阔论。他直爽的性格和犀利的言辞给我留下了深刻印象，所以我很期待与他的进一步交流。

第一章 产业与企业

【采访地点】雄县泰斗集团大楼

【采访时间】2017年5月25日 11：00—12：00

【采访对象】河北泰斗电缆集团董事长许领华

【采 访 人】闫玉刚、刘静忆、张嘉露

【整　　理】张嘉露

问：许董您好，很高兴咱们又见面了。您对雄县被规划入雄安新区有何感想？

答：雄安南扼中原，西连太行，历史文化底蕴很深厚，国家在这个位置划新区，是很具有战略意义的。当年杨六郎就在这里镇守三关，抗战时期更是发生了很多可歌可泣的英雄故事，台儿庄战役的指挥者孙连仲就是我们雄县人，村里的第一任书记，誓死不投降，最后被敌人的毒瓦斯害死在地道里。我母亲回忆战争年代时最常挂在嘴边的一句话是："只要不叫我们跑，一天吃一顿饭都行。"我们小时候老去地道。

问：交谈中感觉您对历史和文化很了解，这和您的个人经历有关吗？

答：我1986年从部队转业到雄县县委宣传部工作，1989年又从县委宣传部回到村子来当村支书。当时有一个片子叫《春光流进西大村》，讲述了干部们怎么带领群众致富，主人公就是我。我还去保定演讲过这些事儿，上过中央电视台的《正大综艺》节目。我经常在想，怎么把咱们的历史记录下来，把文化传承下去？过去的人很忽视记录历史，现在需要有人来好好整理。我认为文化是有层次的，一是官方的宣传部，二是更接地气、有依据的民间人士，三是社会底层人士。这几年出来很多讲述共产党领导人们抗日的影视作品，比如在雄安拍摄的《敌后特工队》《小兵张嘎》等。我自己出资筹划了一个纪录片《大话雄安》，介绍咱雄安的历史与文化。其实雄安还有很多这样有公益心和文化的企业家。当然也有土生土长的企业家，他们话粗理不粗，很实在。

问：《大话雄安》的摄制团队找好了吗？

答：找好了，摄制组的方案昨天刚设计好，我们想借鉴《话说长江》的形式，大概 60 集到 100 集，每集 20 分钟，计划总共投入 100 万，发布在公司的网站上，记录的历史主要包括雄安的古代史、近代史、现代史。《大话雄安》的编剧组就是我以前在宣传部的同事们，都是写历史的爱好者。虽然制作团队不是一流的，但是我们做纪录片的目的不是钱，而是想让更多人了解雄安三县。你们做传媒的也可以多来挖掘故事，宣传这儿的历史。

问：许董，您的企业是如何发展起来的呢？

答：我家三代创业，当年我父亲为了响应邓小平提出的"让一部分人先富起来"的号召开始创业。那时候我还在当兵，曾经常在部队宣传这些口号。父亲奋斗了 10 年，在 20 世纪 80 年代初迎来了事业最辉煌的年代。后来我在 80 年代末接手父亲的生意，我奋斗了 20 年，把传统的手工作坊变为了法人治理的公司，经历了很可喜的变化。

许领华董事长与采访人热切交流

问：雄县做电缆的公司有多少呢？

答：那多了，有上千家。我们隔壁村在 1982 年年纳税超过百万，当时震惊了整个中国。因为这件事，时任的公社书记被提升为副县长，后来担任容城县县委书记。我当村支书的时候规定，村里的干部每人必须办 1~3 家企业，带领群众致富。90 年代末我又回来重新接手公司，让公司实现了机械化。现在，公司已经是信息化管理。我的女儿已经从人民大学毕业了，现在回来一起管理公司。

问：我们上午走访的几家企业在现今这个阶段都很焦虑，您担心公司被搬迁吗？

答：比起小企业"船小好调头"，我们这种大企业承受的压力更大，问题也更多。雄县和安新、容城相比，实体经济太多，搬迁会带造成变压器等机器设备上百万的损失。一个企业搬迁后，要恢复原来的生产需要 3~5 年。工人们就业首先考虑的是离家近，搬迁后会技术工人没了，培养新的技术工人要 3 年以上。现在雄安新区的房产都不给登记，不能办理抵押手续造成贷款不良记录。太多的难题一下冒出来，所以现在公司都不敢接大额的订单。我们真的从来没有感到过这么大的压力，不夸张地说，有的老板真的是一夜白头。

问：确实，雄县的企业都是扎根在这里的，老板和工人都是当地人，不像阿里巴巴、百度这样的公司可以在不同的地方发展。而且产业受影响涉及的领域太多，波及的范围太大。

答：说实话，企业做到现在这一步，我个人的需求已经可以满足了。近3年受大环境影响，企业基本没有盈利。一段时间内有色金属行业价格曾大起大落，业内都人心惶惶。但是情况再不好，工人的工资也得照发。工人们也知道这些难处，他们很通情达理。当我们知道要建设新区，可能要被搬迁时，我们才很深地感受到公司对工人的巨大影响，工人们已经把个人命运、家庭的幸福生活都和企业绑在了一起，是和社会的经济、民生紧密相连的。我原先以为这只是一种口号。

问：您认为现阶段可以怎么缓解这些难题呢？

答：我们十分拥护中央，也相信雄安未来能实现美好的蓝图。但是希望中央能多考虑土地等历史遗留问题，不能对大小企业一刀切、连根拔。我们希望中央派专家来研究这里的实际情况，有针对性地解决人们的实际问题，才能落实大政方针，实现千年大计。

泰斗集团的车间有多台大型机器

采访结束后大家亲切合影

调研思考

  我有幸参与此次调研，跟着大部队走进乡村，与雄县人交谈，近距离感受改革的喜悦与阵痛。建立雄安新区，让雄县人的生活像是突然被蒙上了一层滤镜，明亮但却模糊，机遇与忧虑并存，谁也不知道接下来会发生什么。这里的人们似乎都准备好想去做点什么，但抬起的那只脚还悬在半空中，不知道要落在哪里。希望政府能给雄县人一些信号，让他们心中的石头能落地；也希望能将新区建设稳步推进，多多考虑当地的实际情况，人民的幸福生活才是建设新区的最终目标。希望我们此行能为雄县的更好更快发展献出微薄之力，真心祝福这片土地，祝福这里的人们。

第二章

渔猎与营生

白洋淀的渔民们世代择水而居，以捕鱼为代表的传统技艺，只有与区域社会文化发展衔接，与日常生活图景相融合，才能得到很好的在地传承，同时也能更好地让传统文化在现代语境下焕发新的生机。传统技艺传承的核心是活态传承和动态保护，人的生活环境和生态显得十分重要。

第二章　渔猎与营生

第一节　白洋淀放鹰人：村落复兴的重要力量
　　——访圈头乡村村民张西华、张老雨

"茭草青青野水明，小船满载鸬鹚行。鸬鹚敛翼欲下水，只待渔翁口里声。船头一声鱼魄散，哑哑齐下波光乱。中有雄者逢大鱼，吞却一半余一半……"这首诗描写的就是鱼鹰捕鱼的场景，诗中的鸬鹚就是鱼鹰。鱼鹰捕鱼是白洋淀人的记忆，虽然目前养鱼鹰的人在减少，但这些鱼鹰人一直在坚守着，努力把这门传统技艺延续下去。

鱼鹰的外形有点像鸭子，全身黑色的羽毛，黑色中还透着蓝绿紫色的光，威风凛凛地站在鹰架子上，只等牧鹰人发号施令。鱼鹰的眼睛是绿色的，可以看清河中的大鱼小虾，不放过任何一条鱼虾。春秋季节是鱼鹰捕鱼的旺季，老白洋淀人都说"三只鱼鹰养一家"，可见鱼鹰的捕鱼量是多么庞大。

目前白洋淀上已经没有多少人家养鱼鹰了，再加上鱼鹰本身的低繁殖率，很多鱼鹰人的后代都没有继承这门技艺，桥西村的这两位鱼鹰人在这个炎热的下午，给我们讲了很多关于鱼鹰的故事，我们听得津津有味，却也渐渐陷入了思考中……

我们在张西华的带领下，来到了桥西村的河边，见到了他们的小船还有那十几只鱼鹰

【采访地点】白洋淀圈头乡桥西村河边

【采访时间】2017年5月27日 16：00—16：30

【采访对象】桥西村村民张西华、张老雨

【采 访 人】齐骥、徐亚玲、宋鹏

【整　　理】徐亚玲

白洋淀的鱼鹰人张西华

张老雨和他的鱼鹰

问：张大爷可算是等到你们了，我们在这可等了老半天了，怎么现在才来啊？

张西华答：真是不好意思啊，让你们等了这么久，没办法啊，我们是从大观园一直开着小船过来的，慢哪，比不得人家的快艇啊。

问：那咱们抓紧时间吧，能先跟我们做个简短的介绍吗？再给我们说一下您二老家里的具体情况。

张西华答：行啊，我叫张西华，今年63岁了，圈头乡桥西村的村民。家里现在有五口人，老伴去年去世了，女儿也早已结婚了，现在家里就我、儿子、儿媳妇和两个孙儿。我儿子已经不再养鱼鹰了，他现在和儿媳妇一起在北京搞水产生意，一年也回不来几次家。

张老雨答：那我也说说吧（在一旁的张老雨也开口了）。我叫张老雨，今年65岁，比张西华大了两岁，也是桥西村的村民。我家也是五口人，我和我老伴，我儿子和儿媳妇,还有一个孙子,女儿也是早就出嫁了。不过呢,我儿子现在算是和我一起养鱼鹰,不过他一般是在我比较忙的时候给搭把手,这不,现在正在家里弄小鹰呢(刚出生的小鹰放在家里的鹰窝中),但现在他也不太想干了,想自己出去找事情做。

问:那你们现在都有多少鱼鹰啊,平常都怎么照顾它们,是不是需要专门的技术?

张西华答:我俩现在一共有20多只,我自己大小鱼鹰有11只,他(张老雨)有16只,比我多。他(张老雨)主要是跟他儿子一起弄,两个人总强过我一个人。

不过说起照顾鱼鹰,还真是一门手艺呢,一般人都干不了这个,得经过专门学习,所以如果不会养,就算有了鱼鹰也不知道怎么让它捕鱼赚钱,我们这些鱼鹰啊,说实话,也不怕别人偷,偷了也弄不了啊,你们说是不是这个理儿(笑)。

张老雨答:对呀,就是张西华说的这样,尤其是小鱼鹰,不懂怎么照顾就养活不了。你看张西华船上那几个小仔(指小鱼鹰,这时我们才发现原来张大爷的船上还有4只小鱼鹰),它们根本就离不了人,家里没人照看就只能带出来,喂食的时候还得把鱼都剁成小块它们才能吃,不像这些成年鱼鹰连骨头都能吞下去。这些小鱼鹰就费不少事,一边捕鱼还要一边看着它们,不能让太阳晒着,不能饿着……

简短的寒暄后我们开始了紧张的采访,因为是两个人,我们开始了分工合作,两位老人知无不言,言无不尽,给我们讲解了很多鱼鹰的故事

问：那这些鱼鹰的捕鱼技术也是你们训练出来的吗？

张西华答：哈哈，这你们就外行了吧。

它既然叫鱼鹰，那肯定就是捕鱼的啊，它们就是鱼的天敌，天生就会捕鱼，不然不得被饿死？根本不用训练，就像猫天生就会捕老鼠一样，一个道理。

鱼鹰，炯炯有神的眼光，微微张开的嘴巴，高挺的脖子，不愧是捕鱼高手

不过我们费半天劲养这些鱼鹰，也是要靠它们挣钱的，不然我们吃啥喝啥啊。

每年的三月份到六月份，十月份到白洋淀封河这段时间（其实就是春秋两季），是鱼鹰捕鱼的高峰期，我们会带着它们下淀捕鱼，然后把这些鱼再卖掉挣点钱。

你们肯定也不太清楚鱼鹰怎么捕鱼吧？在鱼鹰下淀之前，我们会在它们的脖子上系上一根草绳，这样捕到小鱼它就吞不下去，如果是大鱼，它本身就吞不下去，只能让我们收走，当然我们也会丢给它们小鱼吃，作为捕鱼的奖励。

问：现在咱们这里养鱼鹰的情况咋样啊？

张西华答：现在不行了，如今整个白洋淀也就只有14家养鱼鹰了。过去可是家家户户都养鱼鹰，比如我吧，我家是祖祖辈辈养鱼鹰，我爷爷的爷爷就开始养鱼鹰，到现在已经有6代人了。我打12岁上就开始养鱼鹰，真的就是养了一辈子的鱼鹰。

张老雨答：是呀！现在不行了，养鱼鹰的人越来越少，估计都快失传了。虽然我儿子现在和我一起弄这个，但他也是在我忙的时候才回来帮忙，平时也是去外面打工。所以啊，很可能在我们这一代养鱼鹰这门学问就断了，失传了也没办法，无人继承啊。

问：张大爷，我发现这个鱼鹰的腿怎么都绑在这个鹰排子上，这是怎么回事啊？

张老雨答：这个是因为鱼鹰太闹腾了，它吃饱了没事干，

威风凛凛的鱼鹰，姿态各异地站在排子上，嘴巴张着，让人看见就会胆怯

第二章　渔猎与营生

就开始窜上窜下，不好好待着，一会嘴巴叼个小木棍，一会两个鱼鹰又打起来了，太闹腾了，我就把它们都栓在鹰排子上，这样我比较省心，不用老看着它们。

问：那鱼鹰除了捕鱼卖钱外，还有其他收入吗？

张西华答：有啊，过去鱼鹰就是捕鱼的，主要收入就是靠鱼鹰捕鱼。现在不同了，鱼鹰捕鱼都成了表演性活动。我们这些鱼鹰现在都和旅游联系得很密切，平常时候我就是靠拍照、鱼鹰表演、拍电影取镜头等这种方式挣钱。具体来说就是照相我们收5块，鱼鹰表演我们收100块。主要是这个时候，天气太热，鱼儿在水里游得比较快，鱼鹰这时候就显得比较慢，因此夏天不是鱼鹰捕鱼的好时候，主要是旅游上的收入。

问：听说鱼鹰的繁殖率很低，因此价格很高，跟我们说说这个小仔（小鱼鹰）是怎么来的？

张西华答：鱼鹰也是下蛋孵化的。这也是个技术活。母鹰下蛋后，我们找老母鸡去孵化。鱼鹰的繁殖率确实是挺低的，不像母鸡一样一天可以下一个蛋，鱼鹰状态好的时候，也是两天才下一个蛋，孵化的时候也并不是都可以孵化成小鱼鹰。这里面也有学问呢！

只有像我们这些专门养鱼鹰的人，才可以看出来哪个蛋可以孵出小鱼鹰，哪些不可以孵出，像你们这些不懂的根本就看不出来。

如果确定好蛋（能孵出小鹰的蛋）后，就要去找一个老母鸡孵，大概26天的时间，小

一般鱼鹰都是黑色的，张老雨有一只白色的鱼鹰，他把它高高撑起来让我们更仔细地看清楚

鱼鹰就可以出来啦，孵出来的小鱼鹰长得特别快，你看我这个小鱼鹰也才刚出生一个半月。

问：哇！果然很大啊，长得比小鸡大不少呢！张大爷，如果你们后代们都不养鱼鹰了，等你们老了，这些鱼鹰咋办呢？

张西华答：唉，这能有什么办法呢，我们也是走一步看一步，真到了那个时候再看情况吧。其实今天这个状况也是很多因素造成的，生活水平越来越好了，大家挣钱的方式也越来越多，养鱼鹰挣钱已经不吸引人了，况且如今的白洋淀鱼类越来越少，我们也捕不到很多鱼了。像冬天封河了，我们还要给这些鱼鹰们找其他的吃食，这也需要不少钱呢。

问：那你们刚才来的时候说是在大观园，去那干嘛？

张老雨答：我们在大观园（白洋淀景区核心区）搞旅游啊。旅游旺季的时候，我们就到那边去"上班"。每天早上划船去，晚上游客少了再划船回来。我们（和张西华一起）都是结伴去的，路

张西华家刚刚孵出来一个半月的小鱼鹰

上时间长，我们的船马力小，走得慢，路上还可以照应着。

张西华答：在大观园我们主要是表演，拍照。游客和鱼鹰合影一次，收费5块，表演一次鱼鹰捕鱼，收费100块。相对捕鱼，在旅游旺季的时候，搞旅游赚的更多一些，但是也有很大的不确定性。去年之前是大观园那边每天给我们100块，今年开始不给钱了，我们就过去表演，赚多少都算自己的，我们也给他们拉来人，他们也给我们提供了一个地方。以往旺季都要等到六七月份，今年可能是因为雄安新区成立，五月份来的人就很多了。今天是听说你们要来，我们提早回来了，不然在那多待待，说不定还能碰见几波照相的，再赚点钱。现在养小鹰要花不少钱，而且物价房价都贵了呢。

调研思考

每天划着鹰排子在芦苇荡中穿梭，是白洋淀放鹰人的生活常态。他们知道哪里的鱼更多，哪里的鱼更大、更肥美。鱼鹰们站在鹰排子上精神抖擞，仿佛是在号角声中出征的将士。而这样的场景在今天的白洋淀已经越来越少了，养鹰人的力不从心，养鹰人后代的出行远去，都使鱼鹰捕鱼技艺传承面临着史无前例的困境。

观看过鱼鹰捕鱼的人都有同感，鱼鹰捕鱼更像是一种仪式感极强的表演。几条渔船，几个渔翁，排成一排，或成"人"字拉开。渔翁们脚下踩动一个特别的踏板，时而发出不同节奏感的声响，指挥鱼鹰们随时下潜上浮调整位置，追逐鱼类。几十只鱼鹰在神秘的口令下，直入水底，船棹拍打的水花声、鱼鹰的叫声与渔翁的渔歌声浑然一体。一会儿，几条大鱼被鱼鹰叨出水面。而今天，这样的场景也更多的只能在诸如大观园景区这样的特定旅游区花钱才能看到，如同海洋馆中被驯化的海狮，它们刻板地重复着同样的动作，却难以享受到亲自劳动所得。

或许，扁舟一叶，竹竿一根，鱼鹰一排，将成为捕鱼逐渐远去的记忆，也成为淀边人童年的回忆。这也进一步地引发了我们对白洋淀水域传统技艺的传承以及未来的发展深入的思考。

第一，鱼鹰捕鱼的传统技艺日渐消逝，加强口述历史影像计划迫在眉睫。鱼鹰捕鱼是白洋淀渔民们在长期水域生活实践中共同创造的传统工艺，蕴含着白洋淀文化价值观念、思想智慧和实践经验，是非物质文化遗产的重要组成部分。整个谈话过程中，我们都能感到两位老人对未来鱼鹰捕鱼技艺可能失传的担忧。这两位老人都是鱼鹰世家，自打十一二岁就开始养鱼鹰，一辈子和鱼鹰朝夕相处，他们精湛的捕鱼技艺，应当通过文字和影像的方式进行记录，将白洋淀特定时期的社会文化录像保留下来。

第二，鱼鹰人年事已高，接班人寥寥无几，传统技艺亟待建立传承人计划。传统技艺传承的核心是活态传承和动态保护。人的生活生产环境和生态显得十分重要。鱼鹰捕鱼同样如此，鱼鹰只有在人的指挥和命令下才可以出色地完成捕鱼任务。但白洋淀目前鱼鹰人的后代几乎都在外打工，无人接手鱼鹰捕鱼的传承问题。当然，这跟白洋淀的生态环境、城镇化发展都有关系，但如何从传统工艺振兴的角度，对传统技艺传承人予以认定，将鱼鹰捕鱼技艺列为文化遗产，并鼓励技艺精湛、符合条件的中青年传承人申报并进入各级非物质文化遗产代表性项目代表性传承人队伍，形成合理梯队，调动年轻一代从事传统工艺的积极性，才会吸引更多的年轻人加入进来，补给传统技艺更多的新鲜血液。

第三，将社区和景区融合，讲好中国故事，将为白洋淀注入新的生命。传统民间文化凝聚着乡土生活的情感和智慧，体现了独一无二的特性。雄安新区的成立，为白洋淀生态修复、村落整理和文化复兴带来了新的机遇。而以故事逻辑表达文化遗产，可以更好地让传统文化在现代语境下焕发新的生机，从而以更广谱的方式维护传统技艺的原生性。在以桥西村为代表的时空坐落中，如何将张西华、张老雨这样的养鹰人的故事挖掘和整理好，让他们以及他们的后代，有更大的文化自信从事传统工艺，并让他们返回故土成为村落和社区复兴的重要力量，是未来传统工艺复兴的关键所在。让文化遗产成为滋养白洋淀人民心灵的清泉，成为培育民族精神的沃土的重要索引，指日可待。

第二节 荷花淀中的"守望者"
——访圈头乡大淀头村村民赵小代

白洋淀作为华北地区最大的淡水湖泊,在区域生态安全体系中拥有极高的战略地位,同时也正是这片水域养育了一代又一代的白洋淀人,而白洋淀水域近三分之二是位于雄安新区安新县。俗话说"靠山吃山,靠水吃水",他们没有金山银山,却有拥有着被称为"华北之肾"的白洋淀,它集聚着世代民众智慧而传承和创新出丰富多样的捕鱼技法、造就了围绕芦苇而衍生出的精湛民间技艺以及诞生了抗日英雄人物故事、音乐会等文化的集合,各条线路摸索下来不难发现"水"与白洋淀人的生活息息相关,而白洋淀渔家正是华北水域不可或缺的生活群体,也是白洋淀的骄傲和标识。

白洋淀畔的大淀头村历来是富庶之乡,古有"金圈头、银淀头、铁打的采蒲台"的说法。作为一个纯水区村,大淀头村共有770户,2281人,西距安新县城9华里,全村经济发展以传统水产养殖和捕捞业为主。一直以来,大淀头村"靠水吃水""因水而兴",有着700多年的捕捞史。在这个普通的村庄里,捕鱼、种植芦苇,是每家每户的必修课。

在大淀头村码头,我们遇见了62岁的村民赵小代。晌午的天气里,他脖子上搭着一条白毛巾,和所有的渔民一样带着当地芦苇编制的草帽,热情地招呼我们上他的渔船。在这艘柏木制作的敞篷渔船上,我们倾听了赵小代老人的渔家故事,仿佛身临其境感受到了"靠水吃水"的白洋淀人日常生活的点滴过往,更感受到了依托区域禀赋发展特色产业,实现自主就业的白洋淀变迁。

2017年5月27日,白洋淀大淀头村。划船入淀,观光捕鱼,已经成为许多大淀头村村民生活的常态。随着旅游旺季的到来,游客逐渐增多,船家的脸上开始绽放笑容

【采访地点】安新县大淀头村

【采访时间】2017年5月27日14:00—16:00

【采访对象】白洋淀圈头乡大淀头村村民赵小代

【采 访 人】齐骥、宋鹏、徐亚玲、高国丽

【整   理】宋鹏、齐骥

白洋淀大淀头村码头，村民赵小代走上了自家的渔船，开始了晌午的第二次入淀

问：大爷，交个朋友，给我们介绍一下您自己吧？

答：我姓赵，叫赵小代，代表的代。我今年62岁，我就是本村人，大淀头村。

问：您会打鱼吗？会的话您一会儿让我们见识一下？

答：会打鱼。这不是渔网吗？一会儿给你们露一手。

咱们村过去基本上都是捕鱼为生，个个都是捕鱼好手。我们家四代都是打鱼为生，我爷爷，我父亲……不过他们都不在了。我们捕鱼主要是用地笼，用粘网、篓子……捕鱼的东西多了。我爷爷捕鱼那时候，淀里鱼真多啊，就用粘网就捕到很多，那时候还没地笼呢，地笼（一种比粘网更残酷的捕鱼方式，鱼进去以后根本无法逃脱）是这些年才有的。

你们看，我最擅长的就是用这个粘网捕鱼。你们瞅一下我手里这个就是，这是小粘网，捕大鱼还要用大粘网。

白洋淀大淀头村马家寨附近的水面

第二章　渔猎与营生

白洋淀大淀头村村民赵小代

村民赵小代划着马家寨的渔船带着我们入淀

船入淀中心，赵小代开始下网，他说，现在的鱼儿长不了太大就被捞上来了

一条小鱼被粘网粘住，收网后的鱼被放入船舱

57

白洋淀的夫妻船

问：您家有几个孩子啊？

答：我们家6口人，我和我老伴，一个儿子，还有儿媳妇和两个孙子。一个女儿嫁出去了，就不算我们家了（户口）。我们捕鱼的时候，就是我媳妇划船，我下网捕鱼。这种方式在白洋淀叫夫妻船，过去在白洋淀很普遍。我媳妇家里不是捕鱼的，她们家是干部，不过祖上应该也都会捕鱼。

我儿子叫赵领兵，领兵打仗的领兵，40岁了，在安新县城打工，是永和豆浆还是什么来着。一个月4000块钱吧，做厨师的，他不捕鱼了，不过现在旺季旅游好的时候，我有时候也让他回来帮帮忙，儿媳妇在家带孩子，还有一个小孙子11岁，上小学。我大孙子12岁，都和你们一边高了，在红日中上高一。

我闺女叫赵丹，35岁了，在家织网。我们那时候家里的老人都会织网，她就跟着学上了。她上初中就开始织网、缝网，咱这个网的瓢都是她们拴的，拴这个瓢，拴一条能赚20块钱。

我女婿小振，他们家也是世代捕鱼的。他现在也捕鱼，和他

对于划惯了船的渔民来说，一上午的撑杆拨桨并不是什么难事，但是在烈日下一待就是一整天，依然很考验毅力

父亲一起捕鱼。我闺女不会划船,所以是父子俩划船捕鱼(这边通常是夫妻船,女的划船,男的下网捕鱼,吃住都在船上,一出去就是几个月)。

问:能在河上碰见吗?

答:碰不见。他们不是搞旅游的,像这时候(我们采访的时间是中午时分)就不出来了。他们早上出来收前一天下的网,收了鱼去李庄(音)的早市上去卖,晚上再出来下网,第二天早上再收网、卖鱼。对了,早市上的鱼可都是野生鱼,都是现抓的,你们想吃新鲜的鱼就去那买。

问:那你们平常吃鱼也比较多吧?那你们自己在家做鱼都怎么做啊?

答:吃鱼多。咱就是靠着水的自然天天吃鱼。咱们这个鱼特别新鲜,用不着什么特别的法子做鱼,用不着忒好的佐料。我们平常做鱼就是醋、酱油、葱、姜、蒜,有这几样就可以,炖出鱼来特别好吃,这鱼好了就是好吃,别人(别的地方的人做鱼)谁也做不出这个味道来。淀里有白鲢鱼、鲫鱼、黄花鱼,还有小龙虾和甲鱼……

问:那你们这1988年那回不是干淀了吗?那你们都是怎么生活,没有水也没有鱼了啊。

答:出门打鱼呗,去外地打鱼。你看这东北、西北、内蒙、天津都去过。一去就得去两三个月。刚去的时候,自然是受人家当地人欺负,那我们就躲着他们(当地捕鱼的)呗。但是我们技术好,还是能赚到钱的。我们去那边捕鱼也是给人家打工。老板承包的水塘(或者湖面、河面),我们负责捕鱼,然后按照重量给分成。

问:捕鱼都去的什么河呢?

答:内蒙是那个大莱湖(音)。大莱湖去了半年吧。东北去的吉林的月亮泡(音),天津是大清河(音),别处就没去过了。最近这几年都没往别处去过了。这些地方的水都在减少,鱼也少了,自然就闲了下来,没有捕鱼的营生了,而且外地捕鱼也受人欺负,那次在天津,当地人连网都不让我们下。捕鱼赚不到钱,我就在村子里烧砖的窑里干了十来年。

问:白洋淀没鱼吗?

答:白洋淀鱼少呗。现在还可以。不过现在我们老百姓捕鱼的也少了,一来是水面也被承包出去了，二来捕鱼也不如搞旅游赚的快了。我现在主要是旺季划着船拉着来玩的客人们去淀子里面转转，掏掏鸟蛋，撒撒渔网。客人们来旅游都是来感受这里的环境的，水鸟、荷花、鱼，还有芦苇丛。

现在（县政府）每年撒鱼苗，去年就撒了五六回鱼苗呢。像那个龙虾、螃蟹、白鲢、甲鱼……都是撒的育苗，谁捞着谁卖。不过每年靠打鱼也赚不了太多钱，弄得好每年五万多块钱，不好的话也就一两万块钱。每个人不一样，每家情况也不一样，这个主要是和船、渔网都有关，最重要的是和人有关。要是两个利索的（捕鱼人）就快，（捕到的）鱼就多，带着妇女的就慢一些……

你看，那个粘网动了，这就是鱼儿上网了，一上网就被粘网粘住跑不掉了，一会儿收网捞起来给你们看看（一收粘网，上面有5条活蹦乱跳的小鱼）。

问：这是什么鱼？为什么这么小？

答：这个鱼我们当地叫黄花鱼，这种鱼长不了太大。这种鱼一斤能卖个四块多（在李庄早市上）。现在的人也没事儿干，也不缺那点捕鱼卖鱼的钱，就是每天弄几条网下下，可以生活了（够日常生活支出）就收网，卖鱼的钱够买个醋酱油，生活就够了。逮个十斤八斤的，就能卖40，这40块钱老两口子就够（一天的）生活了。捕到的鱼我们都放在这儿（掀开座板就是一个带水的船舱），这里是活水，和淀子里的水是通着的，这样鱼就不会死，还能卖个好价钱。这种渔船都带着装鱼的舱。

问：这船是您的吗？

答：对，是我的。这可是马家寨造的船（当地最好的造船的村子）。马家寨造船的技术那是顶呱呱的，以前皇帝的船都是那儿造的。

我这船买了都十几年了。一开始是我表弟的，他当时也捕鱼，花了6000多块钱买的，后来他改行了，不做捕鱼了，我就2000块钱买下来了。一般这种船，能顶个15年作左右。不过我买的这个船是柏木船，我保养得好，定期给它涂涂桐油，照这样下去，还能再用个七八年。

问：你表弟现在做什么的？

答：我表弟叫叫赵仁华，35岁了。现在在搞装修，主要是做油漆工。现在雄

第二章　渔猎与营生

安新区成立了之后都停工了。他也受影响啊，现在没什么活儿。原来每年都能赚个四五万块钱。他媳妇也在家看孩子，他们有个3岁的儿子。

问：那您其他兄弟们还有捕鱼的吗？

答：我的弟兄们都不在本地了，他们有的在内蒙、东北，有的在官厅（水库），还有在张家口的。他们都没有捕鱼的了，都当了工人。对了，我有一个弟弟在酒厂，造酒的，咱们喝的酒（当地的酒）就是他们出的。他们的孙子孙女和你们一样有出息，有的还是博士和博士后呢，听说有一个在天津读到了博士后，还有一个当了军官，还是团长哩！具体叫啥名我也记不清楚了，现在老人（赵小代的父亲）不在了，他们一年回不来一次，匆匆忙忙的。

问：您家有几亩地？

答：现在没地。我父亲那时候有一亩多地。现在没地，都承包了。我爷爷那时候就没地。白洋淀本来就没有什么种田的地啊，到处都是芦苇，但是芦苇地也没多少，我们全家6口人，我和我媳妇，儿子儿媳，两个孙子，一共才围了一亩半地。女儿出嫁了就不算了，要把闺女算上就多了。我女婿也是打鱼的。他是大田庄的，大田庄在这边正南，离我们村七里地。

问：这儿能看到您家吗？

答：你看那边（指着对岸），那边就是我们家里的房子，就在村南边。这个房子是1975年盖的。儿子结婚又重盖的，重新盖房子花了40多万，儿子结婚连娶带盖房子也就是20多

大淀头村码头。经过综合整治的码头风貌焕然一新，也为许多村民提供了从事旅游经营的就业机会。像赵小代一样的村民有很多，他们平时就等候在码头谈天下棋，一旦有了游客就上船摇橹

万。那时候结婚花的钱不太多，和现在结婚没法比了。不过现在这边已经变成景区了。

问：那您不就是住在景区里了，多享受。您那个房子，村里有没有统一什么风格？

答：没有啥统一风格，就是这样的房子，晒个渔网还方便。不多现在出门净碰见来旅游的人。以前来这的人太少了。去年从五一开始人越来越多了，小赵他们（同乡邻村的导游赵义，原来是安新县文广新局王迦梁的专职司机，后来因为收入太低，家里负担重，辞职创业进入旅行社从事导游行业了）领人来了，村里有一些（村民）开了农家乐，管着客人们吃饭住宿，就是放假的时候能全住满，一年也就有那么几回住满了，但是大部分时候，村里偏僻点的地方（农家乐）都没住人。

白洋淀景区和村落往往融为一体。"靠水吃水"的船家每天无数次路过自己的家

问：除了农家乐，村里人平时还干啥？

答：还有弄苇席的。不过也少了，主要是收的人少。也只有老人会编一下了，年轻的不会了，20多岁的基本没有做这个的了，30多岁的还有一些。我老伴就会，她会编席，一天能编4个席，不过是小个儿的席子，四尺宽八尺长。个儿大的席贵，个儿小的席便宜。现在这种席收的人太少了，收席一天也收不了三两个席。

问：讲讲你们这儿淀子上的故事吧。

答：我们就是放河灯。每年七月十五放河灯。现在放河灯简化了，就是弄个蜡烛，用土纸（当

赵小代很乐意和我们合影

地芦苇造的）叠个小船,把蜡烛放小船里。过去呢复杂一些,是用锯末和上桐油,垫在荷叶上,点上香放到水里去,主要就是祈福保平安。放河灯是一个迷信的说法。老一辈的人说,每年到了农历七月十五这个时候,小孩们洗澡的、游泳的多了,淀里的水怪就出来捉小孩了,放河灯就可以保佑小孩平安,你看现在我们这,这几年没听有淹死的小孩。不过咱们村里,大人下地干活,小孩散学之后就都学着游泳,也可能和这个有关系。

问：现在还放吗？

答：现在也放,到季节就放。去年放了两回呢。去年旅游的客人正好赶上七月十五,小赵（导游赵义）领来客人在水边放河灯,一直放到很晚,一晚上放了两回,客人们都觉得很新鲜。

问：那您以后想干啥？想捕鱼还是搞旅游？

白洋淀的环境仍令人担忧

答：什么挣钱多搞什么呗。现在捕不上鱼了,那就搞旅游呗。旅游旺季（收入）还是可以的,特别是雄安新区成立后,感觉来旅游的客人们一下子多了起来,而且以后会越来越多。现在我们村建设的越来越好,我们村支书常说,"环境变化改造人,环境变化影响人",我们也要转变思路,这样才能多赚钱！

调研思考

世代择水而居，赵小代这代人是"靠水吃水"的一代，他们对于家园的"守望"，让昔日的捕鱼智慧和技艺得以不断延续。在和赵小代老人的交流中，我们也终于明白了之前田荣承❶老先生那句意味深长的话："是鱼教会了白洋淀人捕鱼的技法，而不是人"，白洋淀在20世纪50年代水域辽阔，鱼类多达54种，不同种类的鱼有着独特的体形和特点，而渔民的捕鱼智慧也就来源于此。白洋淀捕鱼技艺也正是广大民众为满足日常生产、生活需要而创造积淀的智慧结晶，其诞生的空间是活态的生活和生产，当其生存空间被固化、禁锢，便会产生异化，进而使其"真实性""完整性"的原生状态日渐式微并难以修复。

以捕鱼为代表的传统技艺，只有与区域社会文化发展相衔接，与日常生活图景相融合，才能够得到很好的在地传承。文化遗产的未来，很难完全在定格于特定历史时间点上对物化形态的即器物层面进行机械地、被动地封存式保护，即静态保护，而是将历史的时间坐标不断拉伸，将文化遗产赖以生息的原生状态不断延展，从而实现在社会历史发展的过程中，不离本土的动态保护、更迭创新。即，从"时间"的逻辑主线中寻找赋予遗产安全鲜活的思路，通过历史与未来的对话，在"留住往日的时间"中"再造往日的空间"的过程中实现文化遗产的时间价值。

然而现实还是多少有些残酷。白洋淀是华北平原最大的淡水湖泊，但现在水域面积逐渐缩小，生态环境不断恶化，加上有一段时间常有村民用毒鱼、电鱼等灭绝性捕捞行为捕鱼，水里的鱼逐渐减少，1983—1987年连

---

❶ 田荣承，字继先，河北省安新县大田庄人。1965年加入中国共产党，曾任生产队长、团支部副书记、党支部副书记、民办教师、乡镇党委副书记、县委党校副校长，曾创作《故乡》《淀上菏塘》《烽火中的古庙》等多部作品。

续5年干淀后,白洋淀的鱼类就只剩下24种了。捕鱼人不断转行,而他们的后代更是很少从事本行了。虽然自20世纪80年代以来,有关部门通过持续的"输水救淀"状况有所缓解,但水量和水质都不尽人意。

值得欣慰的是,雄安新区的成立加快了白洋淀生态修复和环境治理的步伐,雄安新区坚持生态优先、绿色发展,建设绿色生态宜居新城区和打造优美生态环境,构建蓝绿交织、清新明亮、水城共融的生态城市的战略规划,为白洋淀传统技艺的传承和保护带来了新的曙光,但也让世代生活在白洋淀的渔民们多了一些不安,未来,是继续守望家园,环水而居,捕鱼为生,还是成为新的产业工人,以生活、生产方式的城镇化,都成为未知。

第三节　芦苇经济："小金条"时代的消逝
——访圈头乡桥西村村民陈小白

圈头乡位于素有"华北之肾""北国江南"之称的国家5A级景区白洋淀东南，是安新县唯一的一个纯水区乡镇。白洋淀的芦苇有10余个种类，种植面积约12万亩，每年出产8000多万斤，芦苇是白洋淀人民赖以生存的主要经济作物，在白洋淀民众生活和文化中占据了重要地位，以皮白质佳素负盛名，芦苇用途很广，经济价值颇高，有"铁杆庄稼，寸苇寸金"之说，苇子可造纸、织席、打箔、编篓、打帘和制作苇制工艺品，而且随着白洋淀旅游业的发展，芦苇工艺画产业发展迅速。芦苇不仅构成了白洋淀美丽风景，还承载着白洋淀人浓厚的乡愁，保障着白洋淀生态平衡的同时还是淀上人家珍贵的生产资源。

圈头乡桥西村是白洋淀里四面环水的一个村庄，民风淳朴，由于村里几乎都是水域而芦苇地较多，这里的耕地面积甚少，这样的环境造就了芦苇在民众生活中的重要地位，秋露之前收芦苇成为人们普遍遵守的自然惯例。围绕着芦苇，桥西村也形成了多元化的芦苇生产技艺，无论是用芦苇打帘子、编席，亦或打出口包等，芦苇在一定程度上支撑着村里的经济，对于一些老人，芦苇甚至是保障他们生活重要的生产资源，芦苇由此也就成为白洋淀人绕不开的话题。

下午的第一次走访就遇见了在路下方整理芦苇的村民陈小白，他的正前方整齐地摆放着成

2017年5月27日，圈头乡桥西村。顶着烈日老人戴着手套坐在阴凉处，专心的在整理芦苇，我们走近和老人攀谈起来

他整理成堆并扎捆儿的芦苇秆子,身后是用木头搭成的简易棚子,除了正对着马路的其他三面是用石膏板和破旧的布遮盖起来的,烈日之下他戴着一顶草帽,靠在背后的石膏板上,戴着标志性的白色针织手套,熟练地摆弄着身前的芦苇。我们沿着斜坡下去找老人聊天,快到跟前的时候跟老人热情的打了招呼并向老人表明想了解下芦苇生产相关的情况,老人很快答应并放下了手头的芦苇跟我们攀谈起来,我们倾听了他生活的变迁、对白洋淀厚重的情感以及对未来后代和雄安新区的殷切希望,从老人的言语中感受到了他的复杂的心情,也开始思考这些承载着厚重乡愁的芦苇还能支撑多久。

【采访地点】安新县圈头乡桥西村

【采访时间】2017年5月27日 14：00—16：00

【采访对象】桥西村村民陈小白

【采 访 人】宋鹏、高国丽

【整　　理】高国丽

问：大爷您好，我们是中国传媒大学的学生来这儿调研，看您在这整理芦苇秆子，我们就想能不能问下有关打鱼、芦苇这些相关的事情？

答：我姓陈，叫陈小白，今年70岁，我们就是以捕鱼为生的。

2017年5月27日，圈头乡桥西村。老人彻底停下了手头工作，热情地向我们介绍眼前这些芦苇的用途

2017年5月27日，圈头乡桥西村。老人慢慢放下了手头的芦苇，我们的到来更像是让老人找到了倾诉的渠道，老人开始热情的与我们交聊起了天

问：请问您这弄这些芦苇秆子是要做什么呢？

答：就是把绳子编成花，打成包出口。就是做出口的，这些东西出口，要卖到外国，等于就是工艺品。

问：您这些芦苇是什么时候打上来的呢？

答：这东西秋露得给收了，等到十一月，芦苇遇见了霜就会变黄了。

问：我看您好像自己在这边是吗？

答：我在上街里住，家里六口人，有一个儿子，两个孙子，还有两个女儿。儿子现在在外边做买卖呢，头几年在兰州做买卖，就是粘糖葫芦。两个女儿都出嫁了，全是（嫁到）本村的。

问：您爱人是在家里是吗？

答：没在家。儿媳妇也没在家，就两个孙子在家里。儿子和儿媳妇都没在家，都在外面做生意，一年（之中）也就过年回来。

问：您做这个收入能有多少呢，是有淡季和旺季吗？

答：这个东西在（于）你干多少活儿，有专门收购的，收了之后归包厂，包厂然后再打包出口。这些都是我自己收割上来的，去年收割了100多把芦苇，我身后这些是去年一年弄的。

问：现在出了多少把了呢？

答：现在弄了百八十把了。这些芦苇这样才算弄好了，就是把两头闸齐了，再刷了捆起来，还得把它刷了。这种有人工刷的也有用机器刷的，它不是刷油，而是把芦苇秆子上的脏刷干净，这上面的黑东西全要刷干净。

问：那这些芦苇除了出口还能做什么呢？

答：编席。但是这个编不了筐，可以打帘子，就是挂起来的那种帘子。这些芦苇要想弄成帘

2017年5月27日，我们在圈头乡桥西村的商店见到了芦苇工艺品，这三个便是用芦苇编织成的筐，上面贴有白洋淀字样的商品包装

2017年5月27日，在圈头乡桥西村商店里箱子上摆放着芦苇编织成的小鸭子，颜色和大小各异，栩栩如生，这些工艺品都出自于村里妇女的巧手之下，作为纪念品供游客挑选

2017年5月27日，圈头乡桥西村。顺着老人手指的方向看去，他家房子位于上街并在外部放着干净整齐的芦苇秆子，据老人介绍，这些芦苇是已经刷过的

子得用机器刨成丝儿,把这些全劈开,一根劈好多根,劈开之后闸成一米多长,然后打成帘子,打帘子也出口,中国也有不少用的,这些芦苇得打好了(才能用)。

问:村里从事这个的多吗?

答:原先好多家,现在这个东西不值钱了,现在没多少弄了,一般就是老头们,干不了别的活儿,就靠这个弄点零花钱,年轻人干点别的挣钱都比这个强,我做这个凑合着挣钱,就这一根只卖5分钱。

问:我看到上街您门口摆放的那些芦苇秆子挺干净的,这些是刷过的吗?

答:这些都是刷好的,你看这一打就是成功弄好的样子。去年收的这些全卖出去大概能卖5000多块钱。也就凑合着,老头们干不了别的了,弄个零花的就得了。

2017年5月27日,圈头乡桥西村。在老人所处的简易棚外侧堆放着七八捆整理好的芦苇,但还没有刷过

问:那您除了弄这个芦苇之外,还打鱼吗?

答:也打鱼。我现在上年纪了,干不了了。前几年还行,我本身就是渔民,老是出门到水库打鱼。年轻的时候也出去打鱼,我是出去打鱼,家里怎么说呢,站不住脚了,现在这个水域大都承包出去了。不是不让打,是整个水面都承包

2017年5月27日,圈头乡桥西村。老人身体正前方堆放着一堆已经捆好的芦苇秆子,整齐有序地摆放在地上,这是去年老人已经打上来整理好的芦苇

给一两个人了,没有干活儿的地方。这水面大多全都承包出去了,本地的人都没法生活了,只可能到外边水库打鱼去。

问:别的村有这种情况吗?

答:白洋淀全都是这种情况。前十几年的时候就承包出去了,一承包下去老百姓就没法生活了,用老百姓的话说,只可能上外地想钱去(挣钱),在本地想不了钱了。水面卖给别人了,人家不让你打鱼。他们(承包水面的人)自己也打鱼,打

的多了的话就雇人来打鱼，一天给你多少钱就得了。那打上来的鱼就不是自己的了，鱼都是承包的人的了。

问：有钱的人才能承包？

答：对，没钱的人承包不了，承包不了就不能生活，你就得去水库打鱼。我以前打鱼去过的地方不少，有官厅、密云水库。去那边买证，花钱买个许可证才能打鱼。也是受气，起码受当地打鱼的人的气。嗯，为什么说呢？因为他们就说了，你们要是不来，这些东西都是我们的。咱们一加一的说，就像一个馒头，我一个人吃了就饱了，你要掰了我就吃不饱了，实际道理就是这么个道理。所以出去也挺难的！

问：那您前几年的时候就是以打鱼为生，近两年开始做这个芦苇的活儿是吗？

答：对。出门受的罪多，刮风下雨的就在船舱中窝着，现在受不了。出的门多，受的罪多，天气忽冷忽热，每次出去非得捡个零头（挣个零花钱）才能往家走，上了年纪呛不了了，身体支撑不住，我现在身体还凑合。

问：您爱人是没有工作在家里是吗？

答：没工作。我家里就是有点芦苇地，没有其他的地，这苇地和种的地还不一样，这种的地都没了，现在就这么点苇地，每个人均分三分来地，我们家六口人，就是九分地。收完这些芦苇的话，年轻的人（需要）三天左右，现在我们得收十多天。年轻的一天能弄十来把，现在没这个力气，体力跟不上了，干这活儿累得慌。

问：那两个孙子都在本地上学吗？

答：在本地上学。我儿子在外边，收入也没问过，两人也不露实底儿，弄不清，怎么也有十万八万的。两个孙子一个17（岁），一个15（岁），上中学呢，在中心学校上学，就在北边，这是乡里的学校，村里就这么一个学校。

问：现在村里的人还去打鱼吗？

答：也有没有被承包的地方，像船道什么的，就是主航道，还有小点的地没有被承包出去的，只能往那边走了，大部分地方都被包出去了。打鱼也是往出卖，打鱼也没准，赶上好的天气能弄个二三百。但是遇上阴天不行、下雨不行，哪有这种天（当天天气晴朗无风），也没风、也有日头，鱼好弄。连着刮几天风，就又不行了。

问：那您知道前阵子出来的要成立雄安新区的消息吗？

答：上面没有传达什么消息。现在说的是往外迁，谁也不愿意动，这白洋淀的人只可能打鱼、弄芦苇这些事儿，搬到旱区什么也不会，会种地但没有地让你种，要地没地，要水没水，只可能在家待着。白洋淀的人可以弄个小船，一天弄个几十块钱，好的话弄个百八十可以维持生活，一搬走的话什么也没有了。

问：您的文化水平还可以？

答：我不识字，没上过学。我爱人也没上过（学），我儿子上过学，小学没毕业。这话也就跟你们说，你不干活儿没钱，吃不了饭，孩子早早就干活儿了，这时候生活也有了，条件也行了，孙子们有能耐也可以供给。以前老人们挺受累，孩子们就帮着干活儿了，要不吃不了饭。

问：那您儿子今年四十几岁是吗？

答：四十多了。两口子，从去年开始返回来了，去廊坊了。两口子说了，两个老人这么大岁数了，老在外边的话，有个大事小情的，当时来不了，得个一天一宿。现在车提速了，两头一耽误，也得一天一宿，他们要是到廊坊做生意的话，离得近，有个大事小情的，有两个钟头到家了。

问：大孙子17了，也快高考了吧？

答：嗯，大的今年18了，不好好上学。（估计）考不上大学，都不好好地上学。要是不上了，才十几你能干啥去。我们小时候早就让去干活儿了，个子也有了、劲儿也有了，早就去干活了，去打鱼、找船。现在生活条件提高了，就让孩子们好好上学，可孩子不好好上学。

我老说，等你知道学习好的时候就晚了。现在不好好上，一出门一生活，（比如）别人看着路标走了，你什么也不知道，就发愁了，后悔也就晚了，有你后悔的时候。孩子说没事，现在拿着个手机，一说去哪里就可以导航了。（笑……）

问：您这耕地是比较少吗？

2017年5月27日，圈头乡桥西村。深入村内才发现像陈小白这样以芦苇为生的老人还有很多，就像图中桥西村85岁的李四和老人，他编织的芦苇帘子有人一个月来收一次，然后卖到韩国，做成类似隔榻榻米的墙

答：对，白洋淀就没什么耕地，现在2/3的水面，1/3的土地。种庄稼的人多，像这边到电线秆子之间（以前）全是麦子地，现在人越来越多，没有什么地了，全盖房子用了。父亲那一辈也是国家的地。

问：您兄弟几个呀？

答：我们兄弟4个，有一个哥，我是老二，还有四姐妹。都是这个情况，都在城市外边打工呢。兄弟姐妹哪个村也有，反正都在这一片。

问：那您兄弟姐妹中子女有上大学的吗？

答：我们这一家子，就老兄弟的儿子大学毕业了。现在还没工作呢，校里面给安排的工作在天津，空军体检不合格，太胖了，就没去。村里的大学生有，但是不多。硕士、博士也有，没几个，全在外边有工作，我亲戚里没有（硕士、博士）。

问：您每天就在这里弄这个是吗？这个有人专门来收是吗？

答：有收购站，也是私人的，是本村的，收够一车了的话就发出去了。芦苇秆子不怕水淋，有点水好。

问：您和您老伴会编席吗？

答：我不会，我老伴会。男的一般不会，苇席也是当村的来收。那席四尺八尺的那种也就是20块钱左右。

2017年5月27日，圈头乡桥西村。依旧是那个街道，在一户人家房后大片空地上摆放着整齐的芦苇

人居住的街道，我们看到这种从事芦苇生产的人家不在少数，芦苇虽然价格大不如前，但仍然是本地人收入来源的一部分

所在的街道往里走，在路边又见到了成堆整理好的芦苇，每家每户的数量都差不太多，芦苇让村里有了更浓厚的水乡人文气息

调研思考

这位老人在年老体迈的情况下不得不放弃打鱼的生活,而开始依靠芦苇地的收成来挣些零花钱补贴家用。芦苇是白洋淀分布面积最大、最典型的水生植被,近10万亩的白洋淀芦苇在湿地功能的发挥中起着无可替代的重要作用,曾经一度是白洋淀民众最主要甚至唯一的经济来源。从20世纪70年代末开始,白洋淀传统的苇席产业开始复苏,20世纪八九十年代是白洋淀芦苇的黄金时期,那时候的芦苇一根价格在一毛五左右,而且质量非常好,被称为"小金条"。"一根芦苇一根金条"是对芦苇效用和价值的高度概括,芦苇的花穗、花絮、鲜苇叶、芦根都可为民众的生活所用,而且芦苇由于自身含有大量的纤维而可代替优质木材,成为造纸的理想原料,此外,芦苇还含有黏胶纤维,可用来织布。

正是这一片片芦苇地滋养了世代的白洋淀人,围绕着芦苇也形成了众多文化瑰宝,作为非物质文化遗产的芦苇工艺画称绝一方,凭借着悠久的历史、栩栩如生的图案形式,以及独具深邃意境和白洋淀风情的"百年不腐"的"绿色艺术品"而远销海外,同时精湛的芦苇编织工艺也熠熠发光。芦苇的另外一个重要效用是净化环境,对白洋淀的空气和水域净化做出了重要贡献。

但20世纪90年代中期,随着社会经济的飞速发展,替代品的出现对于苇席的需求大幅度下降,农村的土炕都变成了床而不再使用苇席,过去屯粮食用的苇席也变成了铁质粮仓,水泥房让苇箔的市场紧缩,于是白洋淀苇席产业开始衰败。

生态环境的变迁让曾经芦苇编织技术精湛的一些地区变为旱区,芦苇也渐渐淡出了他们的视野。而如今芦苇地的面积逐渐减少并且芦苇大面积停割也成为瓶颈,而这背后不无原因。政府"清网禁养"政策让"靠水吃水"

的渔民缺少收益而外出务工，芦苇市场需求的减少、芦苇的贬值以及收割成本的上升超过本身价值等因素让芦苇不再是生活的主要来源，人们关注度减少后的芦苇产量和质量也越来越差，甚至有些农民将苇田改种粮种树，还有采取挖芦根来获取经济利益的灭绝性使用行为，由此形成了恶性循环，同时也造成了白洋淀生态环境的不平衡。

但仍有一些老人靠编芦苇为生，村里像陈小白这样从事芦苇生产的民众还有很多，随着年龄的增长，一些老人做起来越来越吃力却坚持延续编织芦苇的传统技艺，他们自力更生的精神也打动了我们。不管是承担着苇席出口加工最初的芦苇收集并刷白环节的老人，还是编织苇席、打帘子、制作芦苇工艺品的村民，或者传承着芦苇画的匠人，虽然时代和经济的快速发展让作为"小金条"的芦苇风光不再，但庆幸的是，村里30岁左右以上的民众基本都会编苇席，村民仍然保留着祖辈传承下来的手艺和技能，这是他们珍贵的文化基因和沉淀。而未来随着雄安新区的成立之后规划和建设的落实，他们可能会离开这片养育他们的土地，而这些以芦苇为载体的民间技艺对于下一代甚至下下一代的传承，我想，应该仍然继续，但是，这个环境可能已经不能为他们的技艺的传承提供必要的条件了。

第四节　濒临失传的传统技艺
——访白洋淀桥西村村民陈小小

白洋淀是中国海河平原上最大的淡水湖泊，其中85%的水域面积都在安新县内，世代哺育着这里的人民。依水而生，这样的水域环境也让白洋淀人如水一般柔顺、坚韧。白洋淀气候宜人、风景极佳、四季竞秀，妙趣天成。水域辽阔、碧波荡漾、绵延万里。基于这样的人文地理环境，白洋淀催生出了捕鱼、制席、造船等特色产业，捕鱼技法各种各样，造船手艺人人称奇。素有"造船之乡"称号的马家寨，人人都是造船能手，造船技法无人能比。同时，白洋淀的旅游资源也特别丰富，它是鸟的王国、鱼的乐园，各种水生植物博物馆。一望无际的荷花淀更是景中之最，小兵张嘎、雁翎队故事等红色文化、孙犁的荷花淀派等都是白洋淀的特色旅游文化。但让我们印象最深刻的还是世代生活在这里的白洋淀渔民，他们是白洋淀的代名词，也是书写白洋淀历史的执笔人。

白洋淀圈头乡自古就出名。古有"金圈头、银淀头、铁打的采蒲台"之说，可见圈头乡在白洋淀的地位之重，而归于圈头乡管辖的桥西村是一个纯水村，村中建有一个码头，随时等候着前来旅游的游客，村中还建有几家农家乐，生意很好。桥西村不大，但家家户户的房子都挨得特别近，邻里乡亲一团和气。在一个不算太大的水村里，捕鱼、制席已经成了他们生活中的一部分。

在桥西村码头，我们顶着火辣的太阳寻找着采访对象。一位样子憨厚的大爷主动和我们攀谈了起来，他悠闲地坐在树凉里，我们的对话由此拉开……

【采访地点】安新县圈头乡桥西村码头

【采访时间】2017年5月27日14:00—16:00

【采访对象】桥西村村民陈小小

【采 访 人】齐骥、徐亚玲

【整   理】徐亚玲

问：大爷，您是这个村子里的人吗？跟我们说一下您的具体情况吧。

答：你们好啊，我就是这个村子里的，我叫陈小小，今年已经55岁了。我们这个村子名字叫桥西村，是圈头乡管辖的一个村子。圈头它是一个乡政府，下面有好几个村子，我们桥西村是其中的一个。最近来我们这里调研的人很多，这个问题被他们问了好多次了，这次我不等你们问先告诉你们（笑）。

问：大爷您真幽默，那您把自家情况也跟我们说说吧。

答：这个可就说来话长了，我们都是世代居住在这里的，我们老祖是从明朝永

桥西村的小巷子，正值中午，巷子里看不到村民

圈头乡桥西村码头水域

桥西村支部委员会大门

乐年间迁过来的，原来住在山西洪洞县。自从迁过来后，已经祖祖辈辈生活了25世了。现在政府说这里要拆迁，让我们搬走，真是故土难离啊，你说这鱼儿离了水还能活吗？

现在到了我这一代，我们家现在有7口人，我和我老伴，还有3个儿子，我大儿子已经结婚了，有了一个小孙子，现在已经3周多了。现在结婚这么难，真是为两个儿子上愁啊。你们肯定也看见了我是一个残疾人（其实我们一开始就注意到了陈大爷左袖管是空的），日子是真难哪。

问：那陈大爷你方便跟我们说说您的胳膊是怎么回事吗？

答：唉，这是我6岁上学出的事故。那会我们村有个面粉厂，我就是在那个面粉厂出的事故，那个时候正是文化大革命，村子里都特别乱。出了事故后，因为当时这个环境，我一直也没有得到应有的补偿，就这样一直拖着，直到1971年才给我500块钱，我心里还是气不过啊，我就去打官司，不过这已经是1994年的时候了，官司打完后，又给了我6000块钱，之后就再也没有了。

陈大爷亲切地和我们交谈

就因为这个胳膊，我再也不能捕鱼了，所以我现在就搞了条小船，搞搞运输、客运。偶尔也搞旅游，有游客来就带他们去淀上玩一玩，挣得一些收入。我现在是我们村里的低保户，生活压力很大。虽然有残疾人补贴，但是每个月才55元，现在的物价又这么高，负担很重啊。

问：您家都是世代捕鱼的，那一般都用什么来捕鱼，捕鱼的方法有哪些呢？

答：我们一般捕鱼都是用粘网，年代更久远一些的还有扣罩子、撒网等，这些捕鱼方法都是以前经常用的，现在这几年又兴起了一种新的捕鱼方法，叫作地笼。不过现在的白洋淀水域面积越来越小，只靠捕鱼也无法维持生活啊。

说起这个白洋淀面积的减少，我们这些渔民也是很无奈啊，这些年，白洋淀都被政府承包了，我们这些渔民只能在淀边上捕些小鱼，跟以前相比是相差甚远哪。之所以会出现这些情况，也是国家当时没有重视，白洋淀本来就是公共区域，不应该被政府承包的，可是那个时候都没这个意识，结果苦了我们这些渔民们。所以我们也希望你们可以反映一下，让白洋淀恢复原来的样子，可以让我们在淀上自由自在地打鱼。

问：陈大爷你们家有自己的渔船吗？平常你们还会自己做渔网吗？

答：渔船我们有，但是不是我们自己造的，是买来的。它是条铁船，当时买的价格是一万五千块。我现在也不能去捕鱼了，所以就靠这个船平常带带游客，挣个零花钱。我们也不像旱区的人，还有自己的田地，可以务农养活自己。我们家是没有田地的，只有苇地。但现在这些芦苇也不值钱了，很多人家也就不种了。这些芦苇地都是我们老祖们一筐筐地背土垫起来的，之前白洋淀并没有这些芦苇地。所以啊，这也是我们不愿意离开的原因。

因为我这个胳膊不能打鱼了，所以我们现在也不做渔网了，过去我太爷爷就是做渔网的。以前也没有现在这么多做渔网的材料，都是用布丝做的，现在这些已经没有了，都是一些替代品了，尼龙丝等材料。

问：陈大爷，雄安新区成立后对你们的生活造成什么影响了吗？

答：都说雄安新区是"千年大计、国家大事"，但现在却搞得我们人心惶惶啊。先说说这个物价吧，自从雄安新区成立后，物价就一直涨啊，很多日用品都

陈大爷是来图中的这对夫妻家串门的，此图是我们的其他人员对这对夫妻的采访

涨价了，但是工资没有涨，这对生活肯定有影响啊。工资不涨倒是次要的，现在我们这里很多人都失业了，因为国家把这里的一切在建建筑都叫停了，很多从事这个行业的工人都失业了，闲在家里没事干，你看那边淀上的几条船，之前都是搞运输的，运砂石料啊等，现在所有建筑都停了。这样下去，肯定不行啊。你看看这满村盖了一半的房子，都这样晾在那里。不过我家没有正在建的房屋，不然日子更是没法过啊。

问：陈大爷，刚刚您说自己有3个儿子，那他们都还捕鱼吗？不捕鱼的话都从事什么行业？

答：3个儿子都不捕鱼了，老大和老三都去当厨师了，老二在鞋厂上班。现在没法捕鱼啊，主要是维持不了生活。白洋淀水域面积太小了，只靠捕鱼是不行的。说句话不怕你们笑话，白洋淀现在都快成白洋沟了。过去我们这里有个大麦淀，面积很大，很出名，现在也找不到了。我也知道，后代不从事这一行，白洋淀的这些技艺就可能失传，可是技艺传承也得先生活啊，捕鱼已经养活不了我们了，孩子们就都出去打工了。

再说，现在结婚这么难，我只有大儿子结婚了，剩下两个儿子都是单身呢，本来二儿子的房子都已经盖好了，就等着结婚时装修，现在也不让装修了，结婚的事情更不知道啥时候了。

问：那您这三个儿子都是什么学历啊，是都

由于暂停一切建筑，这些船只停放在码头，没有活儿干

桥西村被停止在建的房屋

出远门打工了吗？

答：都是中专毕业，家里孩子多，条件不好，所以他们都是上的技校，可以学一门手艺养家糊口。虽然现在他们都自己挣钱了，但是也刚刚够自己花销，并不能为家里减轻多少负担。

3个儿子虽然都出去了，也没有跑很远。大儿子在徐水，二儿子在安新县城，三儿子在任丘。家里就剩我跟老伴了。我俩现在都还是住的别人家的房子。因为给儿子盖房子，借款太多，就把自己的老房子卖掉了，现在住的那户人家出去打工了，人家回来了我们都不知道住哪呢。

问：我们今天上午采访了大淀头村的一位渔民，他告诉我们，政府每年会往河里放鱼苗，就是为了让他们去捕鱼，跟他们相比，你们的情况跟他们差很多啊？

答：你们说的这个情况我知道，其实政府放鱼苗也是很小的一部分，不会起到很大的作用。这些鱼苗很多时候都是还没长成个，就被捕走了。因此有的政府也没有把这个放在心上。

问：你们村子属于淀上村，按照雄安新区的政策是拆迁地，也就是说你们都是要搬走的，对于这个政策您有什么想法吗？

答：不愿意搬迁啊。现在我们村里有很大一部分人都是不愿意搬迁的，我们都是世代生活在水边的，现在突然让我们搬走，住到楼房里，我们都不适应啊。还是那句话，这鱼儿离了水还能生活吗。而且最终要如何搬迁，怎么补偿，我们都不知道，毕竟这属于政府强制性搬迁，比不得开发商征地搬迁，待遇应该不会特别好吧。

就像几年前三峡大坝移民一样，听说现在很多人都回来了，在外面实在是不能适应。三峡大坝的移民并不是一个很好的例子，所以我们才会害怕。现在村子里也是各种说法的都有，搞得人心惶惶的。

问：搬迁就得让你们离开水，可是您一直说自己离了水不适应，但现在您3个

桥西村的超市、干洗店等，方便居民日常生活所需

桥西村农家乐的活鱼，为游客做鱼的食材

儿子都不捕鱼了，您离了水咋就不能活呢？

答：那不一样啊。我这几个儿子打小就没教过他们捕鱼，因为捕鱼确实也挣不了钱，所以他们对捕鱼，对白洋淀并没有多少感情。我们这些人可不一样啊，我从小就开始捕鱼，那个时候白洋淀的鱼又大又肥，都说白洋淀是鱼米之乡，我对这片故土的感情断不了啊。

问：我们一会还要去采访一个养鱼鹰的人，叫张西华。您认识他吗？你们村有养鱼鹰的吗？

答：张西华我认识，他就是我们村的，他家世代都是养鱼鹰的，还是我邻居呢。不过现在养鱼鹰的人已经很少了，主要还是不赚钱，生活所迫啊。你们到时候可以好好采访他一下，现在鱼鹰捕鱼已经很少了，我虽然没上过啥学但我觉得鱼鹰捕鱼很有研究价值。

调研思考

第一，白洋淀的生态环境堪忧，水域面积减少，水生动植物锐减，因此对白洋淀进行生态治理迫在眉睫。如今的白洋淀问题重重，昔日美丽的"华北明珠"白洋淀已经失去了往日的光彩，白洋淀治理问题刻不容缓。雄安新区的成立进一步凸显了白洋淀的重要性，白洋淀是华北地区的气候调节器、空气净化器。近年来白洋淀一直都是处于低水位状态，每年都要靠补淀才能维持基本的水位。鱼类减少，水鸟灭绝，使得白洋淀不再是鱼米之乡、物产富饶之地。可以说雄安新区的成立给了白洋淀一次重生的机会，抓住雄安新区发展的契机，还白洋淀一个清新、干净的水域生态环境。

第二，政府需完善残疾人补助政策，保障残疾人的基本生活所需。我们的采访对象陈大爷是一个残疾人，6岁就失去了一条胳膊，但是政府并没有提供有利的保障措施，导致陈大爷现在的生活比较困难。白洋淀上应该还有像陈大爷一样的人，由于身体上的残疾，不能保证生活水平。因此政府的残疾人补助政策就显得尤为重要，给予他们一定的帮助，同时加大补助力度，让这些残疾人也可以如正常人一般生活。

第三，雄安新区的成立或将面临白洋淀居民搬迁的可能，如何安置这些居民以及如何实现他们的再就业是雄安新区能否顺利发展的保障。在和陈大爷的交谈中，不愿搬迁是他提到最多的字眼，其实不愿搬迁的背后是他们对于新环境、新生活的恐惧和担心，对于能够再就业的忧虑。毕竟他们当了一辈子的渔民，离开了水再无其他的生存技能。如今中国的经济发展不再靠牺牲一批人才能完成，国家需要做的就是尽快出台安抚政策，有利引导白洋淀居民摆正思想，端正态度。在就业方面，争取实现搬迁后的就业最大化。

第五节　知鱼善捕的老镇长
——访安新县老河口镇前镇长李文彬

2017年6月27日，安新县刘村，燕长城遗址

2017年6月27日，安新县老城区，红砖为新民房建筑，青砖为古城墙

安新县自战国初期属燕南赵北之地，具有丰厚的历史资源与文化积淀，境内历史遗迹众多，杨六郎镇守的边关——燕长城，横跨安新县刘村、三台镇等3个村镇，留存于地下。而如今，这些地下古长城有的安然地沉埋于此，而有的成为了安新县民房的地基。在燕长城遗址可以看到，有些地方略微突起，也有些地方和周围的庄稼地别无二致。据安新县文化馆馆长刘浩介绍，民众之前在此建筑房屋时，就曾发现此处遗留战国时期的红陶。在安新县的老城区，也能看到在古城墙之上的民房建筑。

安新县境内有"华北之肺"之称的白洋淀，其良好的生态环境使安新县素来有"北国江南"的美誉。因此，安新县在发展旅游产业方面比雄县和容城更具优势。近年来，安新县累计投资20多亿元，相继开发建成了旅游码头、荷花大观园、白洋淀文化苑等一大批旅游基础设施和精品景点。2007年，白洋淀景区荣获国家首批5A级旅游景区桂冠，跻身全国顶级景区行列，成为安新乃至河北对外开放的窗口和名片。

所谓"一方水土养一方人",白洋淀的辽阔水域孕育了像孙犁一样的文学巨匠,但更多的孕育了土生土长的捕鱼高手。安新县老河口镇前镇长李文彬,安新县老河口镇前镇长是安新县屈指可数的捕鱼高手。对于捕鱼的热爱是他不断创新捕鱼技巧的原生动力。孩童时期,白洋淀边,扯几枝芦苇便能制作成鱼竿垂钓。待芦苇竿被两杆相接的竹鱼竿取缔时,他也正当年少。随着时代发展变化,竹鱼竿变成如今的进口渔具时,那个热爱捕鱼的男孩如

2017年6月26日,安新县白洋淀

2017年6月26日,白洋淀中垂钓者

今变成了技术老练的捕鱼达人,坐在我们对面侃侃而谈。在访谈过程中,我们不但了解到多种前所未闻的捕鱼技巧,还得知了白洋淀生态保护方面存在的诸多问题,以及他对雄安新区未来建设的思考。

【采访地点】安新县新城区

【采访时间】2017年5月27日10：23—12：12

【采访对象】老河口镇前镇长李文彬

【采 访 人】蔡晓璐、田卉、张天意、黄卓昕、郭涵喆

【整　　理】张天意

被访者李文彬

李文彬为说明渔网样式画图演示

问：李老师捕鱼这么厉害，给我们说说您的捕鱼技巧吧。

答：过去白洋淀的捕鱼方法种类繁多，我先说说扣大罩吧。我给你们画一下吧。这都是网眼，这里有一个包头，包头上有一个竹竿，拿这个在水里堵，水里会产生咕嘟咕嘟的水声。一有咚咚响的响声，罩下去之后，一看就能知道捉到的鱼的大小。大罩有一丈多高，大概四五米。但每次下网不一定能捕多少鱼。这个网主要是用来逮大鱼，捕小鱼一般不用这个方法，有点大网小用了。

当然，捕小鱼也有个头小一点的罩，水浅的时候一个人就可以用，用竹子编的，网套的这个圈也是竹子的。网是尼龙网，编的很漂亮，人们一般围着网捕鱼，十多个人一起捕鱼，集体排好了之后赶着鱼走，这就是罩鱼。捕的好的时候百八十斤，我记得单条最大的30多斤，上次我罩过25斤的，重量好比煤气罐灌满后的重量。

问：您刚才讲了这个罩鱼，再帮我们介绍介绍您其他创新的技巧？

答：有大网，大网就是几个人这么分开这一片，对着拉，要是眼儿小，大小通杀，那个是禁止的，但是他们晚上搞，晚上下班了没人管，就下大网，这一网有上千斤鱼。

第二章 渔猎与营生

访谈过程中

政府为了保护白洋淀环境坚决禁止过，但是执行不太有力，晚上应该有人值班。你说这个事实际政府知道不？知道，他们就是睁一只眼闭一只眼。这个网眼儿要是大的话，一般小鱼都漏掉了，专逮大鱼。有兜网，什么是兜网呢？就跟屋子这么长，这么个大兜，有房子这么宽，用船在河中心拉着走，拉一些虾、鱼之类的。像丝网之类的，有快网、有慢网，我们一振荡，鱼听到声音就四处乱窜，就很容易逮住了。有的是振荡以后，时间长了，鱼就在那一片当中游，无意当中它挂在网上了，分网眼儿的大小，比如三寸眼儿可以逮三四两的鲫鱼，要到了五指这么宽的，是逮一二斤的大鱼用的。

问：您刚才说的网都是自己做吗？

答：有商店做的，也有自己织的，现在人都懒了，都是买现成的成品网。

问：那您小时候钓鱼都用什么工具？

答：小时候就是用芦苇鱼竿，说到这，我给你讲一讲鱼竿的发展过程。

60年代都是用芦苇鱼竿，到了70年代，发展到竹节，几根插在一起的，便于携带，原来芦苇的就是一根，不好带，后来就缩短了。到了80年代初，就有震出式的玻璃钢鱼竿，一震就出来了。到后来的鱼竿是南方过来的，这是80年代形成的鱼竿，开始有点升华了。到了90年代就进口日本碳木，国产碳木不如日本的好，那个竿轻，当时有20吨、40吨的。到了2000年以后，发展到80吨、120吨的，越来越轻。这个碳木越高，扭矩跟破损程度越大，所以，现在你看钓的那个鱼竿，看着特别轻，实际挺结实的。鱼竿的发展大概就是这样一个发展过程。

问：这些捕鱼技巧很多都是

采访途中，被访者接到电话，有人向他询问捕鱼技法

您自己摸索出来的吗？

答：大部分都是自己悟的、观察到的，从小就爱好逮鱼、捕鱼。有的是根据鱼的习性来捕的。比如说黑鱼吧，黑鱼产卵以后，它是两条在一起来回跟着游，下的卵一大片，它们就围着这个卵来回转，是怕别的动物伤害卵。钓鱼的时候，我们弄个鱼竿，把一片卵弄散了，然后用鱼竿绑上一个小青蛙放下去，再一拎，鱼就跟着上来了。因为它其实是想保护它的卵，它就自己去咬那个青蛙。再有就是孵化成小鱼以后，它们在水里游的时候，都是这个大黑鱼一个在头，一个在尾，转一圈以后，这两个合并，待会又分开了，因为它极其护崽。

李文彬向我们展示渔具图样并讲解其用法

问：您给我们讲的这些自己发明的捕鱼技巧，有没有教给其他人？听说您写了一本书？

答：是写过，后来搬家，不知道给我扔到哪儿去了。回头我再找找。也有人问我各种钓鱼方法，跟我来学习，我都教给他们，但是没正式收过徒。我爱好钓鱼，经常研究，因为这捕鱼技巧也并不是一成不变的。

问：要研究鱼的习性，要了解它。

答：对，过去有句老话，叫"打河天不选地，闹一肚子气"。这是当地的土语，有的时候这一片水，鱼上这个角了，怎么存在？它有水草，根据它的习性，包括烂泥夏天不在水底，泥反味臭，它就上边上了，底下有硬地。包括鲶鱼、鲫鱼都是这样，你钓鱼瞎钓不行，你要瞎钓钓不到鱼，你得有选择性的钓。

问：什么样的地方容易钓到鱼？

答：两米多水，底下有硬地，现在钓鱼得打窝，过去没那个，过去就上水草边上下钩就有，鱼太多，头干涸之前的水洼，那鱼走溜儿，摸虾一天摸个十斤八斤的，没人吃，二分钱一斤这么大的鲫鱼，没人要，那是1966、1967年，现在可不一样了，像鲤鱼国家收购才两毛八，我们卖一毛五，那是70年代。现在鲤鱼七八块钱，这是市场价。你要到景区,就更不用提了,卖到三四十块钱,还有60块钱、100块钱的,都不一样,翻几十倍,有的都上百倍了,过去不值钱的鱼,现在都值钱了。像那个嘎鱼,还有那个圆鱼,圆鱼就是王八,实际也不叫王八,叫旺八,人们叫白话了。

问:现在还多吗?

答:有,大观园里面还不少,就是大河里面也有,太小,二三两,大观园里面都是二三斤,都是野生的,野生的跟饲养的能看出来,野生的土黄色。包括鳜鱼,大部分都是南方过来的,白洋淀的鱼鳍和背短,南方过来的鱼长、瘦、背窄,而白洋淀里的厚,它俩不一样。养鱼跟钓鱼是一个道理。

李文彬友人安新县文化馆馆长刘浩赠予他国画作品中的鳜鱼与鲶鱼

问:您刚才说打窝是什么意思?

答:就是用点鱼饵,扔下去以后,先把鱼诱过来,下钩再钓就多了。选个点以后,你在哪儿钓就在哪儿打窝,就是这个鱼竿抛出去以后鱼线够得着的地方有多深,两米多深到底,就开始钓。钓前先打窝,打窝不能着急,一定要等,你要不等就坏了,你说没鱼,走吧,你走了以后,人家有个人去了以后一看这里冒泡呢,它起沫,这个鲫鱼在底下吃食,它是翘着尾,鲤鱼是平着去吸。这个鳜鱼我们这叫华芭,特凶猛,怎么钓呢?扔下去之后押,鲶鱼、鲤鱼、嘎鱼钓出来一样。前两天我钓了一条三斤多的鲶鱼。

问:这边有钓鱼协会吗?

答:有,我没参加。因为受限制。他们叫我参加来着,我没参加。岁数也大了,那是年轻人玩的，有组织的玩。

问：像您现在钓鱼是自己划船进去吗？

答：有的时候划船，有的时候骑着车上寨南、泉头那边去钓，一天能钓四五十斤、百十斤，有的时候钓十几斤。

问：钓回来的鱼都是自己家吃吗？

答：儿子、儿媳妇都不愿意吃鱼了，天天吃也吃腻了，怎么办呢？给人，总给吧，他也不爱要了，不好意思，我就把它卖了，比如鲤鱼7块，我就卖6块，卖得快。就在小市场，来了以后，弄个盆一会儿就卖没了。

问：您小时候住在白洋淀那边吗？

答：对，现在钓鱼我们都开车、骑车去。我家再白洋淀正中心，马铺那边。

问：当时家里的收入主要靠捕鱼吗？

答：不是，我们是1954年搬到县城里面来，来了以后也是在生产队干活，也有船，水上作业，收割芦苇、种稻子、苇田，有白地，就是在里面种稻子，过去白洋淀的稻子挺有名的。还有白洋淀的河蟹也挺有名，钓鱼也有河蟹，大青鱼都有。再多可能找不到了，由于水污染造成的，干淀的时候还逮过一条青鳝，学名不太清楚了，这么粗、这么长、五六斤，两个小耳朵，一般的没见过，两个小耳朵，就跟带鱼差不多，嘴比它短，一米来长。

问：现在还有吗？

答：恐怕绝种了，南方还有，但是也少，不好找。本地的螃蟹原来种水稻的时候可以到天津去。张北口有一个漫水闸，那里是一个节点，它到产卵的时候，就到那儿去。八九月份的螃蟹顶个肥，可以这么讲，白洋淀的螃蟹比阳澄湖要有名，个儿也大，都八九两，那么大的河蟹现在很少了。它们是跟着船过去产卵，产完卵、孵化完了以后顶着流儿再上来。有扒着船跟船回来的，也有从水底下游过来的。螃蟹产卵必经这个过程，现在不行了，现在水过不去了。这边都干了，白洋淀分上淀和下淀，那边属于下淀。现在水产味道也不行了，当时野生的时候味道特别鲜美。

白洋淀的水在六几年的时候特别好，逮到鱼以后，船上有一个小锅，盛点水，直接就煮，搁点醋、酱油、盐就行了，什么都不放，特别香。有的时候贴个玉米面儿饼子，这么宽、这么大，大饼子，放锅上一贴就行了，出来特别香，起锅就吃，现在没那个过程了，现在水都是深井水，过去也没有污染，因为没有工业。现在工业可能新区一建立，都让他们搬家了。有的都取缔了。

插话：小的时候我还记得有蝌蚪，那水可以直接喝，听说喝了之后身上不长疙瘩，现在谁敢喝啊？污染这么厉害，不敢喝了。

答：是，白洋淀还经历过3次干淀，有水就是马铺那一带，因为水深，开口的时候冲的洼子没干，南刘庄、老湾就这两个地方没干，其他地方像白洋淀都干了，那时候都可以在淀里面种田。后来人们取土挖的坑什么的，有的干不了，这是1965年。

到了1976年干过一次，反复了3次。到了1977年有水，水还不小，到了1987年又干了一次，1988年蓄水。1988年，那次我跟县委书记刘全上北京，回来以后他建的远洋岛。远洋岛是政府建的。1988年蓄水以后，至今没干过，但是2013年差一点又干了，正好赶上下雨才得以存活。政府也会花钱买水，最近政府又买水了。现在的水位不到一米。到北堤那边看，几乎看不到水。原来水大的时候，你们这么一看，几乎外面没有苇田，都没一米，现在还是水小。不过白洋淀生态环境现在治理，加上周边老百姓的意识太淡薄了，他不知道怎么让鱼更好地生存。在百姓保护环境意识方面应该要加强宣传、教育。还有鱼类生长，不但是钓鱼，钓鱼也要有一个好的环境，对于捕鱼，政府应该制定一个，什么时间封闭、不允许捕鱼的一个休渔期。像刚一开春，鱼正是有卵的时候，都是用电，电鱼太厉害了。所以，好几千条船的鱼，像是绝杀。特别是春天的时候。

应该是它产卵以后再捕，卵留下来了，这中间有一个自然孵化，这个事政府方面有欠考虑。政府应该制订一个计划，原来有，但时间长了以后人们都麻痹了，不当回事。电鱼、下药、弄网，圈起一片来，拿药这么一洒，人吃了，当时没事。但这个鱼被电击以后跑了，就再也不繁殖了。就是撒一个大网，用电的正负极到水里电这些鱼。这么一电，鱼马上就漂上来了。有的小鱼就死掉了，大鱼没事儿，黑鱼就是这样，有时捞不动，它一翻身就跑了。

问：他们为什么用这种方法？

答：这是既得利益，老百姓为了赚钱。

问：雄安新区建设对您个人来说，对您个人的家族、家庭意味着什么？

答：我家一共4口人，实际我爱人去世了，再有就是住房，不是在规划中，房子不少，可以这么讲。我儿子有6套房，他原来搞房地产，人家欠他的，给他的，在那边不知道怎么着，我估计也得拆。

问：是新城区吗？

答：对，就在慧有超市，也是商品住宅。我不管他，在一起生活，他个人事我不爱参与，岁数大了，就是帮着他干点事，一般情况下，我不拿意见，你得看开。子女的事情上不操心。就是分配住宅，有一所50平方米，太小点了，我这个房子是150.1平方米，没在一起，这不分开嘛，到时候得分开。

问：现在摸底了吗，几口人在这住？

答：没问过。房子多了，一人一处都有富余。

问：到时候政府给你补贴呗，你要5套就分给你5套。

答：对，到时候租房子住得了，这个都得拆了。实际政府应该是先给老百姓解决住房问题的。

插话：还有老房子吗？

李文彬：还不都拆了。

问：您在老城区还有房子？

答：有。

问：是自己建的吗？

答：老宅子，那老房子还没翻盖呢，是青砖房，原来我住着两间，对面我又盖上两小间。但现在不太完整了。城墙破坏得也没什么了，过去大瓦这么大、这么长。可能起码是明朝的。因为当时发现了一些文物，就是瓦刀，切砖砌墙用的，它要不这么大，那城砖多大呢，后来要拆，有人提出来了，来了水怎么办？县长一看，确实是那么回事。紧接着又垒起来了，那砖就小了，有的砖都拆烂了。

问：你的意思这个砖不是原始的砖了？

答：对，大砖这么大、这么宽，接近40多斤，有五六十厘米。都是三合土拌灰摸起来的。咱们县志上有记载。

问：未来的新区建设，您希望政府对于这种鱼类的保护还有白洋淀的保护，您觉得应该做一些什么设施或者制度？

答：主要是得制订一个切实可行的计划，有计划才能落实，你没计划光说没用。

加强监管,这个监管力度还有督导力度得跟上,生态保护必须得宣传到位,比如水鸟,原来乱打,政府收缴枪支以后,他们下网,晚上捕,都不知道,那个鸟挂上网以后,一过就逮住了。

问:捕这个水鸟是要卖给人吃的吗?

答:卖,有要吃的,学名也叫鸹丁,那个当时5块钱一只,现在卖到了80~100块,那一只多重呢?一斤左右,那是肥的,就跟养的鸡一样,肉质特别鲜美,还有野鸭子、大雁、黑天鹅、白天鹅都有。黑天鹅大观园里面还有,你们没去过荷花大观园?

问:去了,但是没看到天鹅,没有仔细看。您每次都去那么远钓鱼?

答:我儿子在大观园里面开了一个饭店,还有一个滑索。

问:生意应该不错吧?

答:今年比往年要强,这得感谢政府,确实得感谢政府。

问:最近来的游客也非常多了?

答:游客不少,都有一个新鲜感,想看看新区什么样,实际还没变化呢,这是时间的问题。

问:荷花大观园那边是不是也要拆迁?

答:没听说,有可能,将来水涨了以后,不知道政府现在怎么想的,有所保留,最多保留两个园,肯定得有大观园,要不保留就都收购回去了。估计他得保留,他省得建了,省事。再有建起来也不太容易,就是运输问题不好解决,这土质,上哪儿取土?建起来都不太容易。

问:您对雄安新区建设有哪方面的期望?或者是您自己的一些想法?

答:怎么说呢,希望超前吧,有蓝天绿地,有水,白洋淀是好地方,规划上应该超前的,这是规划方面。再有建设这方面,主要是农村的搬迁问题,应该怎么办呢?政府应该同步进行,就是把办公的地方跟农村住户分开以后,把这个规划搞好以后,同时建,或者是先建住宅楼,好搬迁,搬进去就安定了,特别是上了岁数的人,七八十岁、八九十岁,他不愿意,为什么?落叶归根,时间长了不知道要出什么事,先把人员安置好再建设就更好了。现在我听说是先建办公区,办公区之后搬迁找地,何必费那个事,一开始就先建住宅,规划好了以后,你先把他安置好,之后你爱怎么建怎么建。这个事我是这么想,也是一些瞎想。

调研思考

他善捕正是因为他知鱼，日渐减少的鱼类品种使他早早发现了白洋淀生态环境的细微变化。渔民为追逐利益不顾休渔期，甚至滥用电鱼、下药等不良渔猎方式；还有甚者，捕猎大量水鸟卖给餐馆。致使鱼的种类以及飞鸟的数量日渐下降，白洋淀的生态链受到严重破坏，他对此痛心疾首。对于白洋淀生态环境的治理，他认为，首先，政府应制订相关计划，根据鱼类习性确立休渔期、投放期等。同时，政府监管不可松懈，对于违反规定者应予以惩罚措施。最后，应加强百姓的环保意识，注重环保宣传。

从非物质文化遗产传承与保护的角度来说，李文彬所掌握的鱼的习性、鱼竿制法以及捕鱼技法等虽不成体系，但是在某种意义上也属于白洋淀特有的非物质文化遗产。白洋淀水域辽阔，能熟练掌握捕鱼技法的人应不只李文彬一人，相关部门应加大对此类非物质文化遗产的保护力度。对这类非物质文化用文字、图片、视频等方式记载，整理汇编成为白洋淀地区特有的渔技历史文化。

采访中也得知，对于雄安新区的建设，李文彬的心态较为平和，没有欣喜若狂的激动，也没有辗转反侧的焦虑，有的只是对原住民住房问题的关注以及对白洋淀未来建设的期许。在新区规划方面，他希望政府能够首先考虑到原住民尤其是行动不便的老人们的处境，希望先将住宅区建成，等人们得以安居时，再对城区其他设施进行规划整改。

打造优美生态环境，构建蓝绿交织、清新明亮、水城共融的生态城市——这是习近平总书记要求规划建设新区的七大重点任务之一。对于白洋淀水域的保护，如何处理原住民与新区发展的关系，如何保护白洋淀的生态链等都是新区打造生态城市过程中的重点问题。在制定相应规划时，对于像李文彬这类对白洋淀生态环境了如指掌的民众，应组织其进行座谈，听取他们的意见，有助于了解当地情况并根据反映的情况制定切实可行的策略。

第三章

乡情与民情

　　面对白洋淀水质的恶化，乡村基础设施的残缺，本地渔猎市场正在逐渐萎缩，适龄劳动力在本地找不到就业机会，劳动力外出是市场配置资源的必然结果，但技能单一，未受过正规职业教育或技能培训的外出劳动力整体竞争力差，就业选择面窄。因此雄安新区的建设，不仅要解决现有劳动力的问题，更要解决教育资源匮乏的问题，对未来的劳动力负责。同时，当下的格局对于企业来说是个巨大的挑战，从家庭作坊式的生产模式下衍生出来的现代化企业的经营管理体制，在本质上仍然带有固定的家族式企业经营模式，在未来新区发展过程中是保留还是被淘汰，还需要管理者的拼搏和努力。

第一节 渔猎记忆，乡情悠悠
——访圈头乡大淀头村村民张立军

大淀头村位于白洋淀四门堤畔，风景秀丽，民风淳朴，人文底蕴深厚，是现代文学流派"白洋淀诗歌群落"的发祥地，是安新县白洋淀景区首批旅游文化村。大淀头自明永乐年间建村，是一座具有 600 年历史的水乡渔村，因地形奇特，呈聚宝盆型，又因水产丰富，日进斗金，自古有"银淀头"之称。"茭草青青野水明，小船满载鸬鹚行。鸬鹚敛翼欲下水，只待渔翁口里声。"淀水悠悠，水中牧鹰，大淀头一代代人正是在这样特殊的渔猎文化中生存繁衍，形成纯水村独特的渔猎产业与水产养殖业，名扬白洋淀，富甲一方城。

"靠山吃山，靠水吃水"的发展规律被大淀头的捕鱼人演绎得淋漓尽致。然而，随着人口的增加，以及干淀、污染等问题的恶化，渔猎产业逐步萎缩，加之城镇化的大潮不断激荡着村民们的内心，越来越多的渔人选择走出大淀头水村，寻求外面更加广阔的江河湖海。据不完全统计，大淀头外出务工的渔人占全村人数的 15%，占外出务工人员的 85%。这些他乡渔人如今生活的怎样？离开了大淀头这方水，他们的技艺与记忆如何安放？

正是端午佳节时。在大淀头村中走访的我们，刚巧遇到了 31 岁的村民张立军。就在几个小时之前，他刚刚从山西赶回家与家人团聚。看村长与我们进门，略带羞涩地招呼我们进屋。坐在 80 后的新一代渔人家中，我们倾听了"他乡渔人"成长的故事。更感受到他们外出的艰辛、困苦，归家的温馨、无奈。渔猎记忆，悠悠乡情，在 80 后张立军的叙述里这样展开。

【采访地点】安新县大淀头村

【采访时间】2017年5月27日10：00—11：00

【采访对象】白洋淀圈头乡大淀头村村民张立军

【采 访 人】张红、刘迪、张迪、付诗琦

【整　　理】张红、刘迪

大淀头村景。美丽乡村建设时期，村中的民宅经过统一设计建设，呈现出一派水乡秀韵

村民张立军家的庭院。夏日炎炎，婴儿车静静的停放在园中，婴儿该是在屋里酣睡

将近中午，案板上已经切好的菜备用，笼屉里放着要热的包子

张立军家的客厅。平时家里人待客吃饭的场所

大淀头村村民张立军

第三章 乡情与民情

问：立军好，很高兴认识你，给我们介绍一下自己吧？

答：你们好。我姓张，弓长张，站立的立，军人的军。1986年生，是咱们大淀头本村人。

问：是刚回来吗？回来多久呢？

答：刚从山西回来。刚到家没多会儿。这不端午节了，而且也休渔了，回来能待个把月。不过回来也没事儿。

说到此时，只见张立军并未露出我们预想的笑容，语气中反而略显一丝焦虑。虽然引起了我们的注意，但我们选择先聊聊他的生活。

问：你出去打工几年了？

答：我出去打鱼有个六七年。我父亲去的时间比较长，他外出打鱼打了20多年，我们村出去的85%都是从事渔业捕捞，毕竟靠山吃山靠水吃水，咱们白洋淀人从小都有很好的水性。我们是成帮结队外出捕鱼，10个人一队，像有的人家是一家人出去，夫妻带着孩子出去，打鱼的收入是按提成、按量来算的。有水的地方就有鱼，有鱼就有我们这些打鱼的人。

问：你们常到哪些地方去？您和您父亲怎么想着出去捕鱼，淀里不是也能打吗？

答：我们这几到是到山西后湾水库去，干什么吆喝什么。在这个水库干着等于和其他水库也连着线了。而且出去打鱼的原因主要是出去比在白洋淀里挣得更多，当然就选择外出捕鱼了。而且我们村有一个做得比较好的，他姓赵，叫赵福林，在山西榆次水库。他都当典型了啊，他每次出去都会带上我们村里20多个人。不过他儿子好像在村里采莲藕。

问：出去做的苦吗？

答：打工都辛苦呀。捕鱼这事儿都是体力活儿，忙的时候都停不下来，都想多捞点，多挣点。这一到休渔期停下来还不习惯。

问：休渔期得多长时间？一般在这个休渔期您都干些什么呀？

答：休渔期得到每年的七月份开始，出了伏天再外出，十月底就又回来了。这个活干半年歇半年，不管政府决定怎么办，我们还要老老实实、本本分分的工作，我们要先吃饭。有啥活能给我干的，我就干点啥活，像今年什么活都没了。你想像每年干干零工，今年雄安新区不让搞建设了，就什么零活都没了。人家正常的劳动力都干不了活，我就更找不着了。

听到张立军说雄安新区，一下子燃起我们的好奇心。想听听外出务工回乡的他对家乡即将发生的变化有何感想。

问：咱们大淀头可是雄安新区的重要地界，你觉得家乡是不是要发生大变化了？

答：具体的政策那咱现在也不知道，不过大家人心惶惶的。

问：为什么会人心惶惶的？

答：村里工程都停了，现在回来啥活儿都找不着了。我们不干活哪有钱呀。这政策都下来一个月了没动静，谁知道要到啥时候呢。你说要是一两年都没动静，那我们休渔期也得出去了，又啥都不会做，能干啥。这是要断粮啊。能不着急吗？

问：那关于村子拆迁的事情你们有听说吗？说不定你们会搬到新家。

答：都是没影子的事儿。到底拆不拆迁，政策咱不知道，政府要拆迁就得拆迁，要搬就得搬，要拆就得拆。说句实话，白洋淀这40多个村庄要是不迁走，白洋淀的水质不可能变好，村民居住本身就会带来污染。要不是淀里生意不好，谁愿意出去。咱们虽然出去，可还是希望淀里越来越好是吧。不过真是搬了，也还是出去打鱼，也不会别的。

大家都说设立新区好，但好在哪儿，我没文化，也不知道好在哪，最好以后找工作能容易些。我除了捕鱼，别的也不会干什么了。其实这些改变对我来说损失并不是太大，但是对我父亲那些上了年纪的人来说损失就大了，再过几年他就六十几岁了，打不动鱼了。我们年轻人适应能力强，不管去哪都能适应的了，但我父亲真的不行。

问：那外出务工人员的文化程度呢？

答：大部分就是初中水平吧，初中毕业。

问：那村里对您父亲这个年纪的老人有什么补贴政策吗？

答：没有。我们这个村70周岁的老人每年才给补助120块钱，社会养老保险有90。而且今年新农合医保也不好报销了。

第三章　乡情与民情

问：出去打工的人都去打鱼了吗？都是男的出去吗？

答：刚村外出打工的占村民总人数的15%，捕鱼的占外出打工人口数的85%，其他的15%打工的人分布就比较散，虽然还是基本集中在保定、石家庄、北京和天津以及白洋淀周边的城市一带。外出打工大都是男的，也有夫妻一家出门打工，在天津北京那边给商场卖衣服、卖化妆品、卖鞋子。15%的人从事的基本上是打工或者经商，外出打工的人中还是以男的多。

问：所以我们看你们村里现在还在村子里的人不太多啊！

答：村里的孩子都上学了，老人都待在家里边，就像这街道上很少能看到人。有人的话也都是那种稍微大一点儿的孩子，非常少，也只有在过年的时候大家都回来了，才会热闹一些。现在旅游的少，放了暑假人就多了，像明天端午节假期人就多了，今天下午大部分人都住在这儿，明天他们就要开始玩了。

问：你为什么没有去县城里面打个零工呢，像县城里制鞋的？村里也没有什么培训吗，学个什么手艺？

答：没有，没去，要是冬天打鱼回来，还可以去北京的批发市场干点什么零工，他们那边挺缺人，可以去那边打打零工。但是夏天连海边也不要。村里也没有什么培训，说白了，如果能在家里能挣着钱的话，我也就不出去了。

问：我看你们村里开快艇的人还挺多的，你为什么不去开开快艇呢？

答：开快艇一天也就跑个一两趟，我们这船多人少。再说往年我都有活儿干，就今年闲了，我这一时还想不到要干啥。

这个时候，张立军的妻子抱着他们的小女儿回到了家里。

问：您妻子是哪儿的人啊？

答：她是隔壁村儿的。

问：这么有福气呢，娶到

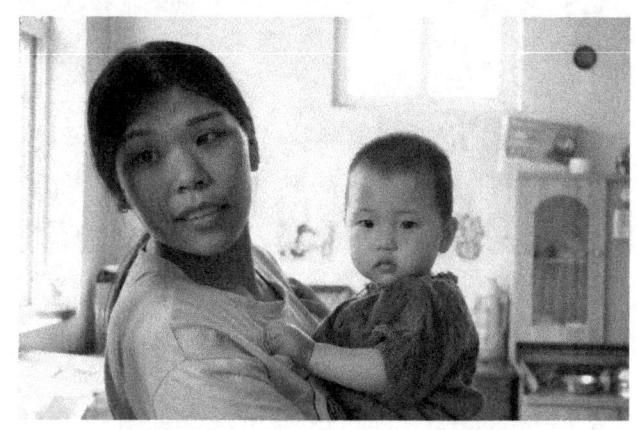

张立军的妻子和小女儿

这么漂亮的媳妇儿。

答：当初出去打工就是为了娶媳妇儿。嘿嘿。村里结婚花销很大，光是订婚就要十几万，你得把金项链、手镯、戒指给女方买全了，无论是本村的还是邻村的都要这些钱。所以我们村儿还没娶媳妇儿的小伙子都得出去打工。出去打工赚钱，才能娶得了媳妇。

问：有几个宝宝呀？

答：我有两个孩子，一个孩子在上村里的幼儿园。一个在家里我老婆带，村里有个私人开的幼儿园。

问：大学生开的吗？

答：村里哪有啥大学生呀。高中吧那家。就是帮忙看看孩子，也没指望教啥。我不在家，（她）一个人带（孩子）太累。

问：村里小学校的老师都是哪里来的？有外来的老师吗？

答：大多数都是本村的人，人家正规师范学校毕业的大学生，有几个人愿意到你这破农村来教书呢，你又不能给人家好的待遇，人家面子上也过不去，别人问起来，你大学毕业在哪教书啊？你一说在农村里，人家肯定就瞧不起你了。所以根本就没有人愿意来。所以就都用本村的人，有的初中毕业，有的不管你小学毕不毕业，能教一点儿是一点儿。而且又没有男的，都是女的在家带孩子，她也没有工作，就来教书呗，也挣不了多少钱，前几年每月给800元，现在可能是1000元或者1200元。

卧室墙上贴着认图识字的儿童教具，给孩子创造可能的学习环境

问：那村里有中学吗？

答：村里没有中学只有小学，上完小学就要去县里或者镇里上中学，十多里地，

孩子要住校了。我们的还早。人家的孩子都是这么上的学。

问：我们问一下，您对未来有什么期望呢？期望孩子考上大学吗？

答：谁不想让自己的孩子上大学呢？不过能上就上，不能上就希望她们能健健康康长大，我也没想着她们能考大学，念个高中得了，我们这儿想考大学根本就是不现实的事儿。

未来期望？你看看现在雄安新区物价涨了，没活干了，挣不着钱了。我也30多岁了，打鱼也打了好几年了，我想能不干这个就不干这个了，能在地上干活就好了。我要是不打鱼的话，我就想自己做个小买卖，这是最起码的了，能养家糊口就行。我也没有什么文化，我们这做买卖的，也是跟打鱼有关系的这一块，我出去打一年工，估计也就剩下个5万来块钱，像现在还不能打打零工，什么都没了。

采访在略带忧伤的气氛下结束了。为了能进一步了解张立军的情况，也为了能在他困难的时候能尽一份绵薄之力，我们加了张立军的微信，并互相留了联系方式。手机是他平时捕鱼之外用得最多的通信工具，能打打游戏，解解闷，疏解生活带来的压力。

调研思考

张立军是80后的一代的典型。独生子女政策使他们承担起独自赡养父母的重担,二胎政策使他们婚后面临两个孩子生活教育等一系列抚养问题。白洋淀一方水土无力为这样的渔民挑起生活的重担,家庭经济压力迫使他们背井离乡。然而"一方水土养一方人",白洋淀哺育下的汉子,个个都是捕鱼好手,人人都有水上功夫,渔猎技艺的传承使张立军这样的年轻人能在他乡凭这项技能站住脚跟。白洋淀的渔猎记忆是他们心系家乡,燕儿归巢的情怀与牵绊。

然而,现实是残酷的。面对白洋淀水质的恶化,交通等乡村基础设施的残缺,本地渔猎市场正在逐渐萎缩,适龄劳动力在本地基本上找不到就业机会。劳动力外出是市场配置资源的必然结果。但技能单一,未受过正规职业教育或技能培训的外出劳动力,其竞争力整体较差,就业选择面较窄。"离乡不离业,离业而返乡"也是他们无奈的选择。而这更需要家乡强有力的就业市场为他们提供生活保障。事实上,外出劳动力对本地市场的依赖从未消减过。如果不通过创造劳动力市场为本地劳动力创造就业机会,增加劳动力教育培训,为其提供就业服务,合理解决规划期劳动力就业问题,增加就业保障,地区定会因为内生动力不足而再次陷入发展瓶颈。

同时我们也应该看到,落后又匮乏的教育资源,正在使大淀头村的少年儿童,即未来的劳动力资源在个人劳动技能上也会复制现今父辈的窘况。如果再不解决村里教育源头的输入问题,这一部分人群在未来将难以被新区消化,必将形成整体文化水平的断层,由于教育资源的匮乏而形成的社会问题,不能再由这样本应该得到良好教育的青少年来埋单。雄安新区的建设,不仅要解决现有劳动力的问题,更要对未来的劳动力负责。

渔猎记忆映衬昔日的辉煌与今日的衰颓,渔猎技艺带来昔日的财富与今日的生活保障,他乡渔民与家乡的发展同呼吸共命运,希望未来的新区能让他们重回故乡,安放和传递属于他们和更多人的白洋淀乡情。

第二节　华北平原腹地上的新农村
——访容城县晾马台村村民杨卫民

5月26日，调研小组清晨出发，前往容城县晾马台乡晾马台村进行走访考察。晾马台村位于容城东部，津保公路南2公里处。全村共有1100多人，近250户，耕地面积1410亩。晾马台村主导产业为种植业和布匹加工业。当地的历史古迹"明月禅寺"就位于晾马台村西北角的晾马台遗址土台上，相传这片高地曾是尧舜祭天的地方。后来武则天在此台上修建了中国历史上第一座使用印度佛教艺术的寺庙，并亲自提名"明月禅寺"。现存的明月禅寺虽是20世纪90年代重建而成，但由于历史悠久，文化影响广泛，当地仍有不少村民信奉佛教。我们到达明月禅寺这天正好是农历初一，寺庙香火正旺，不少虔诚的村民正在供奉香火，寺庙前的千年古树上挂满了祈福用的彩带。不同于容城其他乡镇，明月禅寺为晾马台村带来了一丝古老与神秘的气息。

走进晾马台村我们才发现，明月禅寺与佛教文化并没有禁锢这里的发展，村民的新居、现代化的交通工具、小孩子的玩具，处处都体现着新农村与时俱进的发展状态。村支书脑血栓后遗症使得右腿行动不大方便，他骑着电动三轮车带我们走访了当地的背包制造业大户——杨卫民。

【采访地点】容城县晾马台乡晾马台村村民杨卫民家中客厅

【采访时间】2017年5月26日09：00—10：00

【采访对象】晾马台村村民杨卫民

【采 访 人】张秀红、王叶

【整   理】王叶

2017年5月26日，调研小组来到晾马台村明月禅寺

明月禅寺中的千年古树上挂满了祈福用的彩带，寄托着虔诚村民的期盼

村支书用电动三轮车带我们走访了当地的背包大户，杨卫民

问：您的生日，出生地？

答：户口本上是1974年，晾马台村，本村人。

问：您有几个孩子？

答：3个，两个姑娘一个小子。大女儿19岁，二女儿13岁，儿子才5岁。二女儿读书呢，大的不读书了，已经在村里幼儿园上班了。二女儿今年下半年该上初中了，成绩特别好，老是第一，现在是上六年级了，我拿奖状你看看。

问：咱们晾马台村多少人啊？小学、幼儿园情况怎样？

答：大概1100人，有小学，也有幼儿园。幼儿园老师有两个，村儿小，中午接孩子回来吃饭。

第三章 乡情与民情

问：上初中要到县城里上？

答：咱们这儿有所中学，隔壁村儿有所中学，还有个私立的鹏城中学，现在规模也不小，这个中学回回考试老是名列前茅（在中考里）。学费大概每一年七八千，不算吃喝、学杂费，还行。将来我女儿也打算上鹏城中学。

杨大哥院中的影壁上印着"幸福家园"的字样

问：您现在收入怎样，建这么漂亮的房子？自己办的企业么？

答：就是做点背包生意。也算是哥仨一起加工，几个人凑一块，做点活儿。工人就是他们几个人（指向院子），挣得多多做，挣得少少做。厂房就在院子里，机器响的就是，

杨大哥家客厅的墙壁上贴着毛主席画像，和家和万事兴的彩图，一家人十分幸福

一会儿过去看看。

问：您家里的地还有吗，有多少亩？种地影响您现在搞副业吗？

答：地还有，每人一亩。种地不影响，现在种地都是机械化，正常时候都不下地了，天太热。种地成了副业了。

问：现在村民有个头疼脑热的，看病方便么？疑难杂症，大病呢？有没有医保，报销手续复杂吗？

答：就近明月禅寺对过儿，有个村里

杨大哥的小儿子十分可爱，活泼好动也不认生

107

的卫生所，挺方便的。大病一般是到容城县城，医保可以报销。手续也不算特别复杂，都是正规的，挺顺当的。报销的话，咱们县乡级医院，80%~85%；县里可能是75%，我也没注意，只是听说。

问：现在家里面有车吗？自己开车出去吗？

答：有一个货车，六七年了，小面包，可以坐人也可以载货。出去自己开车多，女人们出去玩儿就坐公交车，公交也挺方便。我经常往容城、白沟、桥南市场那边跑。养车一年是2千来块钱，油钱我也跑不太多，一年就是六七千公里，油价五六元一升。

问：您生产背包的原料从哪儿进？利润呢？

答：原料不是我自己的，是给别人做的，来料加工，挣个加工费，一个包六七块钱的加工费，复杂点儿的6块多，不复杂的5块多、4块来钱。包的利润反正也不是太高，也能维持生活，一个包四五块钱，最多6块5。一个包到市场上30多块，我听他们念叨。我给东北的加工，他在白沟自己买的房，自己做，在白沟待了有五六年。

问：他有品牌吗？有自己的商标吗？

答：我真没寻思过他这个商标。也不用给他打商标，不用给他打，他自己回去装外面的包装袋，因为我们只管做好了背包，他还要拉到别的地方去给染一下，洗一洗，再晾干，再自己打包装，我们不管包装。他在网上卖，网店出售，也批发，在白沟的箱包市场大厅也有摊位。我自己想过搞个那网上卖，但是我对电脑不太精通。如果有培训，有人手把手教，我也愿意网上卖货。村里年轻一点儿的也有网上卖的。村里都卖那个玩具动物和箱包。

问：咱村里有没有做服装的？

答：做服装的以前有，现在没有了，八几、九几年有。

问：您家里旅游是经常旅游还是偶尔旅游？

答：偶尔的，夏天热的时候，去白洋淀玩儿，带小孩儿玩儿，开车去。远点的我想去天津玩儿玩儿，去海边，坐高铁。到天津40分钟左右，咱们有高铁，还不通北京，70分钟在保定转。

问：村里结婚的风俗是什么样？彩礼钱要多少？

杨大哥的背包加工厂房，工人正在进行背包加工　杨大哥自豪地向我们展示背包成品

答：一般礼金 100 块钱，关系好点儿的 200 块钱。结婚大小礼一般是 6 万到 8 万，彩礼有八万八的，取个吉利数。三金（指戒指耳环项链）、家电现在不兴，都自己买。我结婚 20 年了，我媳妇是白洋淀的，结婚要了 9 千。陪嫁女方钱多就多给点，要没有就不给，买点东西。前几年娶媳妇女方得买车，现在连车都不买，男方买，（风俗变了）。男方得有房有车，钱还不少要。办个婚礼也是各出各的，比方说咱们 25 号、26 号办婚礼两天，女方 25 号办，男方 26 号办，先是女方办，第二天男方办，起早儿把女方接过去。吃饭这个钱，一万五千块差不多一家。不算烟酒三百多块钱一桌。现在物价挺贵，一桌八九个人。

问：村里红白喜事、婚丧嫁娶、孩子满月等，有什么风俗没有？

答：生孩子，关系相当不错的买点补品送点钱，100 块钱。咱们主家，过 12 天请大家伙乐呵乐呵。办满月，不办百天。12 岁，圆锁也不办。一般家里人过生日家里买两条鱼，蒸蒸馒头，吃长寿面。

问：咱家里一个月花销平均大概多少钱？大头在哪？

答：两三千。大头就是吃饭、电费水费、手机费、网费等，我这个孩子还喝奶粉，喝了4万多块钱的奶粉了。

问：咱们村支书、村长的选举都是全民参与吗？

答：基本上都参与，1000多户人，700多选民，基本差不多都参加，在90%以上。支部选举也是按照上级的政策，挺正规的。搞两推一选，全体党员选，村民代表推荐。村委会选了两个，一个村长，一个委员，没有副村长。加上支部委员，有5个。都有数量要求的，2000户以上的可以达到5个。

问：村里的大姓是什么呀？有没有位高权重的老人家？邻里关系，婆媳关系呢？

答：王、张。没有（形成家族）。邻居和睦，关系都挺好。我们这个村还是挺正规的，没有什么打架斗殴的。婆媳之间、妯娌之间，有矛盾也很少。丈母娘都没有跟女儿女婿一起住的，一般跟儿子一起住的。过去有矛盾，现在条件好了，也没有矛盾。

问：新区在筹建管控过程中，您有没有什么想法，包括您对企业有什么担忧，有什么期盼？

答：没有，就是说咱们盼着越来越好，这是最大的一次转折，新区人民生活肯定是越来越美好，尤其是小一代，以后上大学不用出家门口。高等院校、医院，咱们雄安新区肯定都有，我感觉。

问：将来服装、背包产业，会不会波及您，有什么考虑没有？

答：咱们做这个活儿没有污染，要是有污染咱们肯定是不干了，争取别的项目。以后背包生意能做咱就做，不能做，新区建成了我们再谋划别的事。犯错误的事咱们都不能干，特别是大气污染，涉及污染咱们绝对不能干。

问：拆迁呢，比如宅基地征用，有什么想法和担忧？

采访中（从左至右依次为村支书、杨大哥、张秀红老师）

第三章　乡情与民情

杨大哥与村支书热情地邀请我们合影

答：我也没有什么担忧，国家不会叫老百姓吃亏，但是咱们也不要额外的争取，国家会有标准，我们积极响应国家的号召呗。习总书记、党中央在咱们容城建雄安新区，千年大计，从各方面肯定是越来越好，有铁路直接去北京，多好。

问：您这个大院子，面积有多少？

答：东西26米，南北是11.5米加2.6米，再加个8米。没盖二层，上面还一层彩钢。

调研思考

初见杨大哥,我们就觉得他是一位十分热情的村民。杨大哥家宽敞明亮,正对着大门是大幅瓷砖拼贴的影壁,明亮的厅堂,宽阔的宅院,让我们耳目一新。影壁上瓷砖拼贴的"幸福家园"几个大字映衬着杨大哥一家对美好生活的期盼,"家居宝地财源旺,富水长流幸福家"14个金色的字被刻在墙面中高山流水的上方,与竹子、小桥一起迎接宾客的到来。走进客厅,正对屋门的大幅毛主席像吸引了我们的注意力,"我可崇拜毛主席,以前就挂,现在换了个大的!"提到主席画像,杨大哥显得很兴奋,与我们一遍遍地强调他对毛主席的敬畏之心。毛主席画像旁边是一幅印有"家和万事兴"的彩图,客厅里沙发彩电应有尽有,散落在地上的小玩具更让我们感觉到家的气息。

杨大哥家庭条件尚好,给儿女花钱一点都不含糊,"我这个儿子奶粉喝了4万多块钱了"杨大哥说。他的大女儿在幼儿园上班,小女儿还在上学,虽然私立中学学费不便宜,杨大哥还是很支持孩子们将来能去私立学校上学。说到自己的孩子,杨大哥分外骄傲,他说二女儿成绩特别好,老是考第一。杨大哥还特意从里屋找出一叠奖状向我们展示,科技创新奖的字样格外显眼。这次走访我们并没有见到他的两个女儿,只有杨大嫂带着小儿子在家。我们交谈过程中,杨大哥的小儿子好奇地看着我们,一会儿爬上椅子,一会晃晃客厅中央的躺椅,并不认生,十分活泼。看到我们在给他的小儿子拍照,杨大哥笑得十分开心。而提到新区建设,杨大哥首先想到的也是自己的儿女:"这对我小孩好啊,能上好学,长大了还好找事做。"重视子女教育,规划孩子未来,淳朴的杨大哥同其他村民一样总是将孩子们的事情放在心中最重要的位置。

关于生活问题,杨大哥从来都不担心。村里有卫生所,看小病都挺方便,大病去容城县医院。虽然没有经历过医保报销流程，杨大哥还是认真地告诉我们，办事顺当，手续都正规。杨大哥家里有面包车，出门办事十分方便，家里的女人们出去玩也能坐公交车，公交站设置也很方便。养车的费用对他来说不是什么大问题，日常办事、偶尔带孩子出行旅游，每年跑六七千公里也不是大数目。听杨大哥说现在村里汽车和农用车的普及率比较高，再加上公交车，村里乡亲去什么地方都方便多了，对于未来，他们也期待着高速公路、高铁的通车。新农村的发展速度几乎超出我们的想象，跟随着国家大事、千年大计的脚步，晾马台村村民的生活也将更加美好。

杨大哥兄弟三人一起经营背包加工生意，向我们展示加工好的背包时，他的言语中透露着自豪。晾马台村的产业发展处处透露着一个"新"字。对于杨大哥来说，传统农村种植业已经不是他的主业，新农村逐渐发展，机械化普及度高，村民都不下地了。农村淘宝的宣传标语在村子里随处可见，附近也有大型的电商基地，有些村民还报名参加了新型电商培训学校。提到线上销售，杨大哥十分感兴趣，他想扩大产业规模，又有点不好意思地说："这个好啊，我想学，就是我们书读的少，对电脑搞不清楚，要是有人教就好了"。对自己经营的生意，杨大哥看得很远："产业转移是肯定的，但是应该会是美好的，国家肯定让老百姓生活条件更好嘛，我们不吃亏也不多争，自己这个（产业）干不了，也可以谋划点别的事。""但是污染大气的事我们肯定不能干，我们得遵守标准。"他又补充道。

返程的路上，我们见到了一户村民为娶媳妇而新建的二层小楼，从外面看房子已经建成，透过塑钢窗户可以看到还未装修的房间敞着大门。"4月1号通知下来，这就都停了。"村支书的语气中透露着些许无奈，"不过大家都有地方住"他又补充道。面对着即将到来的新区建设，晾马台村民都有着美好的期望，他们也许还说不清宏观政策的规划与发展，但是他们有着自己对这片土地的热爱与期盼。坚定的信仰、淳朴的民风使他们仍然不急不躁，面对这样的村民，我们能做的还有很多。

第三节　平静的生活即将起波澜
——访白洋淀大淀头村和圈头村村民赵天一、郝小慧、张洁

白洋淀水域广阔，周围的村子几乎都被水环绕，芦苇长得郁郁葱葱，非常旺盛，环水而建的村子安静祥和，风景如画，偶尔有儿童追逐打闹经过，显得生机勃勃。本次调研选取了白洋淀地区有代表性的两个村子：圈头村和大淀头村，因为当地流传一种说法："金圈头，银淀头，铁打的采蒲台"，圈头村和大淀头村一直以来都是白洋淀地区的"富庶之乡"。如今的圈头共有11个行政村，人口26777人，7787户，总面积52平方公里，水面4.8万亩，主要经济来源为淡水养殖与自然捕捞业、芦苇蒲草加工业、旅游业、劳务输出业、制鞋业、玻璃纤维布生产企业。大淀头村共有770户，2281人，全村经济发展以传统水产养殖和捕捞业为主，部分村民外出经商务工。

本次访谈的目的是了解白洋淀地区村民的日常生活及风土人情，了解村民当下的生活方式，所思所想，在变革即将到来之际，为白洋淀留住一份鲜活的乡愁。为此我们采访了两个村十多位村民，包括靠打鱼为生等中年夫妇、在当地鞋厂上班的年轻人、开美容院的大姐、开餐馆的老板、码头开游船的老人等。我们选取了3位不同年龄段，代表不同生活方式的访谈对象，将访谈内容记录如下。

【采访地点】雄安新区新区安新县大淀头村、圈头村

【采访时间】2017 年 5 月 27 日 10：30—12：00

【采访对象】赵天一，77 岁，大淀头村村民，码头开船员工

　　　　　　郝小慧，35 岁，圈头村村民，美容店店主

　　　　　　张洁，43 岁，圈头村村民，餐厅老板娘

【采 访 人】宋朝丽、乔阳、徐妤涵

【整　　理】宋朝丽、乔阳、徐妤涵

一、采访大淀头村村民、码头开船工赵天一

在大淀头村的码头，我们见到一群六七十岁的老人围坐在凉亭里闲聊，他们皮肤黝黑，身体硬朗。经了解，这些老人都是该景区码头开船的员工。他们世世代代生活在这里，大多以打鱼为生，每个人都非常精通划船、捕鱼、游泳。这些老人中性格最开朗、和我们交流最多的就是赵天一老人。

问：您一直以开船为生吗？闲时一般做些什么打发时间呢？您会去村里的农家书屋吗？

答：年轻的时候，我主要以打鱼为生，现在老了干不动了，才在这开船。在这开船，50 块钱一个来回，有时候游客少了，连着好几天都没什么人坐船，所以也挣不到什么钱。在这开船的一般都是些上了岁数的老头子，我们在这开船，从早上八点，到下午六点，不过也不太累。其实我们就是打发打发时间，给自己找点事儿干，我们老了，也干不动别的了。我平时闲的时候就跟村子里的人聊聊天，有时候会一起下下棋。我不喜欢看电视，但是我喜欢看戏，有时候村子里会有送戏下乡，我们这些老年人都喜欢凑一块去听戏。你说的那个农家书屋我不清楚，听说村子里有一个，但是我从来没去过，我不感兴趣，我也不识字儿。

问：村里孩子一般在哪上学？读大学的人多吗？您的孩子是什么情况？

大淀头村标志性的城楼，修建于约3年前，徽派建筑风格，起源于村里几年前新农村建设的统一规划

大淀头村码头，经过几年前的整修，如今已经成为游客中心和村民纳凉聊天的地方

大淀头村经过改造的水域一景，徽派建筑风格与本地原有风景有些不协调

答：我们大淀头村就一个小学，而且东淀头、西淀头的小孩儿都在这里读书。整个小学差不多有400名学生吧，这里的老师好多是代课老师，有些老师年纪也比较大了，所以我们村里有条件的都把孩子送到县城去读书了。村里读大学的人很少，连读到高中毕业的都不是很多，有很多人都是初中毕业甚至小学毕业就出去打工了。我有4个孩子，3个女儿，1个儿子，学历都不高。我的孙子今年也23岁了，现在在北京打工，也是初中毕业就不上学了。

在码头开船的赵天一老人，今年77岁

第三章　乡情与民情

大淀头村的码头，开船的老人们聚在一起聊天乘凉，有客人来就开船进淀

问：现在咱们大淀头村年轻人以打鱼为生的多吗？年轻人出去打工的多不多？

答：现在打鱼的都是四五十岁的人，年轻人谁还打鱼呢，尤其是二三十岁的年轻人，他们都喜欢出去打工，去北京、天津的人比较多，离家也稍微近一点。白洋淀有人承包的话，别人就不能在这打鱼了，所以只能去外地打鱼。很多人会去天津或者别的地方打鱼，离这儿有400多里地吧，打鱼太辛苦了，一般一走都是八九个月，吃住都在船上。

说着，赵大爷给我们指了指旁边的一艘3米多长的小船，窄窄的船身，看起来有些简陋。

"打鱼的人会自己带一个液化罐，在船上自己做饭，用液化罐比以前方便多了，一拧就有火了。晚上睡觉的时候就睡在仓板下面，大约有两米多长的地方供人睡觉，一般能睡两个人。打鱼真的挺辛苦的，而且会晒得非常黑，现在没什么年轻人愿意打鱼。我家虽然是世代以打鱼为生，但是到我儿子这里，他在北京、天津这块儿做生意，我孙子也在北京打工，都不打鱼了。"

问：您孙子结婚跟你们那个年代结婚相比有哪些变化？

答：我是1959年结的婚，那时候结个婚五六十块钱就够了，最多家里再买点镜子、暖壶、扫帚什么的。现在结婚可不是这样了，现在结婚，要先有小礼，再大礼。小礼一般是五六万吧，然后要买"三金"，再接着是

村民去天津打鱼用的渔船

大礼，大礼一般要二三十万，大礼有的还讲究"三斤三两""万紫千红一片绿"，而且好多家里都还要求在县城必须有一套商品房。有的甚至还问问你家里有几个变压器，变压器多就意味着你家里开的厂大。所以，在我们这里，一般都是看经济条件如何，而不怎么关心两个人是不是有共同语言之类的。

我们这里结婚一般都是本地找本地的，我女儿嫁的离我家只有几里地，非常近。我们村里家家户户几乎都想要生男孩，如果第一胎是女儿，那肯定是要再生一个的，所以几乎每家每户都有男孩。我们这里年轻人男女比例差别还挺大的，男多女少，有一部分男孩因为这个原因，再加上家里条件一般，有的30岁左右了都还没结婚。不过也有那些家庭条件一般的会找外地媳妇儿，这样会稍微能负担得起。

问：马上就要端午节了，你们一般怎么过端午呢？会跟家人一块过节吗？

答：我们大淀头村，过端午没啥特别的，跟很多地方一样，自己包蜜枣粽子吃。不过这个时候正是下鸭蛋的时候，我们这几乎家家都会做咸鸭蛋吃。一般从3月份开始，一直到秋天都是下蛋的时候，我们白洋淀的鸭蛋那可是远近闻名的！不但味道好，而且价格还十分便宜，就连白洋淀景区内，一个咸鸭蛋也才卖五毛钱一个。不过端午节一般儿子不在家，他现在在外面做买卖，生意忙，很久才回家一次。我的三个女儿也都嫁人了，她们平时就都在家看孩子，时不时地会来家里看看我。

问：雄安新区成立了，您怎么看？

答：都说建新区是千年大计，但是我们不知道未来它会发展得怎么样。听说我们这里都会被拆掉，建新城。自从说要建新区之后，我们这里跟盖房子有关的事都被停了，房子盖到一半的也不让盖了，装修到一半的也不让装修了，盖房子的装修房子的都失业了，到处都是盖到一半停工的房子。有人攒了一辈子的钱，都把钱投在了建房子上，结果政策下来说不让继续盖了。还有的是为了结婚把房子扒了重新盖的，盖到一半让停工，人家一大家子住哪？拿什么结婚？你说大家心里着急不着急？谁也不知道以后的政策是什么，目前大家只能胡乱猜测，捕风捉影地传些小道消息，搞得人心惶惶的。

问：如果新区建立了，你们被分到新的楼房，你开心吗？

第三章 乡情与民情

圈头村的民宅，还保留着 20 世纪七八十年代的风格

闲暇时间，圈头村的村民们仍然习惯用编芦苇席来打发时光

村中随处可见的芦苇席，白洋淀曾是全国芦苇席输出最多的地区，如今芦苇席的产业链已经断了，但编席作为一种生活方式仍在传承

答：我还是更愿意住现在的房子，我现在就住的挺好的。这里虽然有时候也有雾霾，但是空气总体还是不错的，这里也有我熟悉的人，熟悉的路，我是不愿意住到楼房里去的。再说，对于那些靠打鱼为生的人，如果让他们住到楼房里，那他们打鱼的工具放哪？放楼房里肯定放不下。我在白洋淀生活了 70 多年了，我不想走。

二、采访圈头村村民、美容店店主郝小慧

在圈头村西街，我们看到一家显眼的美容店，装修以紫色为主，店里贴着半永久化妆的美容图，店主是一位美女，穿着大红色的裙子，看到我们进来，很热情地给我们打开空调，给每个人倒水。

问：在其他村子很少看到美容店？您能介绍一下这一行在圈头村的情况吗？

答：这个地方其实还不属于圈头村内，属于村外的范围，但是即便这样，这里也有 10 来家美容店了,如果进入到村子里面还有更多的这样的店。圈头村算是安新县人口比较多的村镇,也比较富裕,所以平时不愁客源,但是因为消费水平还是比较低,所以价格也不是很贵,比如说做半永久的双眼皮,价格在400至2000元不等,大多数客户会选

美容店美女店主郝小慧

择800元左右的水平。村民一年的收入能拿到三四万元,对于平时的开支完全够了。

问:您家有小孩吗,现在教育情况如何?

答:家中有一个小孩,现在在上小学六年级。村里面的人普遍来说受教育水平不是很高,好多人小学毕业就去了鞋厂工作,这些大大小小的鞋厂有几十家,承担了村里面80%人的工作,一年基本上能挣个10来万左右,因为不愁自己的孩子今后的就业问题,所以这里不太重视教育问题。除此之外,村里面只有一个小学,初中高中都离家较远,小孩上学不方便。还有一点就是这里特别缺老师,有很多老师岁数比较大,而且不是专门的师范学校毕业,一个学校10个教师里边有9个是老教师,而且这些老师基本上都办培训班,因为平时在学校基本上学不到啥东西,所以很多孩子会去培训班,我自己家的孩子也有参加培训班。

问:您能介绍一下鞋厂的具体情况吗?村里人在鞋厂就业的多吗?

答:村里的鞋厂有一段时间的历史了,在我小学的时候大概就有10来家鞋厂,现在更多,四五十家了吧。规模小点的雇用10来个人,规模大的能达到好几百人,村中80%的人都在鞋厂流水线上工作,每天的工资大概200元,一年下来可以挣8万~10几万不等。现在村里的就业主要分为这几种:捕鱼、做买卖、进鞋厂工作,外出务工的人很少,即便是年轻人也不愿意出去,离家远,挣的钱也不是很多。

问:请问您觉得新区的设立对您的生活来说有什么改变吗?您怎么看待这件事?

答:新区的设立对我们最明显的改变就是所有的建筑作业都停了,房价飞快地

涨，特别是安新县城，听说已经翻了十来倍，其他的改变到目前来说没有发现，物价基本上没有涨。其实我们这里的人生活比较安逸，对于新区的设立并没有太多的感觉，可能消息刚开始出来的时候比较兴奋，朋友圈里天天刷屏，但是这几天平静下来了。总的来说我们是不太愿意搬走的，住在这里都已经好几十年了，突然搬走心理上难以接受。

采访餐厅老板娘张大姐，张大姐的餐厅去年刚重新装修完毕，店面不大，但是干净整洁

三、采访圈头村村民、餐厅老板娘张洁

张大姐是黑龙江人，2003年嫁到圈头村，与丈夫共同经营一家餐厅，丈夫负责后厨做饭，张大姐负责收银和招待，两人有一个儿子，今年9岁，上小学二年级。

问：请您介绍一下平日里餐厅的经营情况，有没有什么特色菜？

答：我跟我的丈夫10年前就开了这家餐厅，我丈夫自己做厨师，没啥特色菜，就是这里常吃的鱼、虾，还有荷叶等，鱼的做法主要是炖。因为离淀边比较远，旅游的人很少来这里吃饭，主要消费人群是本地人，一年下来可以挣五六万。新区还没有设立以前，会有很多建筑工人来这里吃饭，再就是鞋厂的人，他们的工作时间比较紧张，不能回家自己做饭。但是新区的消息出来以后，所有的建筑作业都停了，对生意的影响比较大，有时候几天不开张。

张大姐的丈夫是这家餐厅的厨师，腿有些残疾，做不了重活，厨师是他真正热爱的职业

问：为什么村里会有这么多厨师？

答：村里厨师确实很多，但是很多都是自学成才吧，基本上很少有人是专门去城里接受的厨师培训。另外一点就是很多人会去村里的红白喜事做流水席，我们更多的人是去这些地方跟着老师傅们学习。因为村里的地比较少，没有办法种地，离淀也不太近，做打鱼买卖的人不是多，很多人就选择做厨师。

问：您觉得新区设立对您来说有什么影响吗？您对此有什么想法？

答：就目前来看，新区的设立没有给我们带来任何好处，因为所有的建筑都停了，这条产业链基本上在村里就断了，对我们的生意影响比较大，总的来说对未来很迷茫。10年前我们开这

午后，几个村民在村头淀边垂钓

家餐厅就花去了10多万，去年刚刚重新装修，又花了4万元，结果现在说可能会拆迁，心里特别难受。

问：如果说村子整体搬迁，您怎么看？

答：我们今后如何安置，现在国家也没有具体的政策，但是村里的人肯定是不愿意搬走的。比如说我们这种情况比较特殊的家庭，我丈夫是残疾人，不能做别的工作，而我们俩没有文化，别的事情也做不了，搬走的话，房子的问题解决的了，生活的问题也解决不了。都说如果搬走的话国家会给安置房，但是如何赔偿？能按照1∶1的比例赔偿吗？这些都还是未知数。我们这种宅基地是有永久使用权的，基本上家家户户都是把房子前面作为商店做点小买卖，后面就是自己家住房，这种模式祖祖辈辈都这样，就这么突然要改变了。除此之外，我不是本地人，我从大兴安岭嫁过来，但是发自内心的喜欢这里淳朴的民风民俗，这是一个有人情味的地方。有时候会想，新区会不会不要我们，我们以后怎么办？

调研思考

白洋淀地区历史悠久,在几千年的繁衍生息中形成了独特的生活方式和风俗文化。白洋淀地区有自己的节庆盛典,如庙会、民间花会、放河灯、端午吃炸糕包粽子等;生活中围绕打鱼织网编芦苇的生活,民间形成了生动的渔谚,如"鲶鱼扣鳃,鲤鱼拿头,泥鳅一抓一出溜"等;婚丧嫁娶用的迎亲彩船,圈头村的音乐会等,为白洋淀地区的生活注入了丰富多元的文化色彩,形成了独具特色的白洋淀民俗文化,也成为一代又一代白洋淀人挥之不去的美好记忆。

然而随着时代的发展,和全国大多数农村一样,白洋淀地区出现了文化断层的现象,传统打鱼织网编芦苇的生活方式只在中老年群里中还存在,大部分年轻人靠外出打工、在本地鞋厂上班等方式谋生,村民的经商氛围越来越浓厚,物质的重要性被提到了前所未有的高度,本地居民的生活也达到了前所未有的富足,但传统的文化传承状况却令人担忧,"乡愁"正在慢慢变味儿。

总体上看,本地居民对渔猎营生的安逸生活、自给自足的生活方式、民风淳朴的村落邻里是满足的。雄安新区规划的出台意味着当前的生活方式将要发生改变,村民们对未知的未来有憧憬,但更多的是担忧,担心当前的生活状态不能继续维持,担心现在的营生手段将会被淘汰,担心自己的未来不能得到保障,实质上还是对乡愁的眷恋,故土难离。留住乡愁,不让千年传承的文化消失,将是雄安新区建设中不得不考虑的因素。

第四节 小规模企业的发展与挑战
——访容城县大河镇"服三代"

容城县城东南部大河镇的东里村是容城服装产业发展的摇篮。容城的服装厂由大河镇最先发展起来,大约在1978年,成立了"京容服装厂"。发展至1980年,随着生产队的逐渐解体,新的"合伙人"制的服装厂又重新成立起来。1984年后,大河镇产出的衬衫在北京获得了大量市场。如今,在北京各地仍然能够看到容城的服装。1992年后,容城的服装厂总体销售量逐渐下降,转而进行国际贸易,服装销售至中东、迪拜和东欧等地。然而,以"外销为主、内销为辅"的销售模式,使得容城服装很难打出属于自己的知名品牌。

2017年5月26日,联华制衣厂门前

后来,又由于劳动力欠缺等因素,容城服装厂的产业逐渐萎缩。

杜超,一个在大河镇土生土长的"服三代"。杜超家的企业其实也不算真正意义上的企业,算是家庭式作坊。从1997年起,他与他的姥爷家、舅舅家一起合股共同创办的厂子。因为某种原

因，三家分开，自己在东里村创建此厂，杜超爸主要负责厂子，姥爷负责去南方采购面料，主要是内销，向太原、北京等地销售。杜超的家庭作坊式企业，跟着潮流走，做了三四年，积累了一部分资金后，在现在这个地方建立了新的厂址。

这种自主经营、自负盈亏的小企业是容城服装产业的缩影，在家庭血缘关系基础之

2017年5月26日，联华制衣厂工作车间内

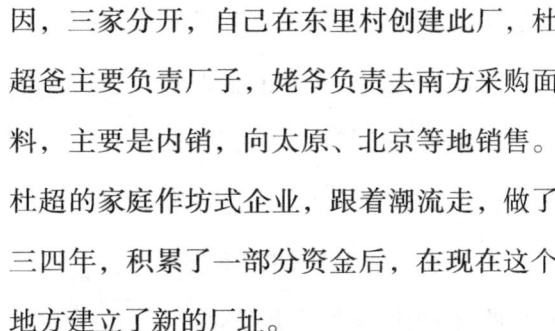

工作人员陈阿姨在缝领子

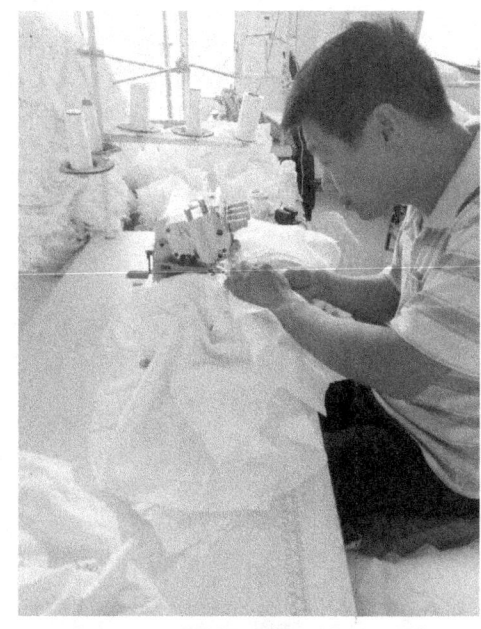

2017年5月26日拍摄于联华制衣厂厂内车间，陈小红爱人刘彬在缝纫机前工作

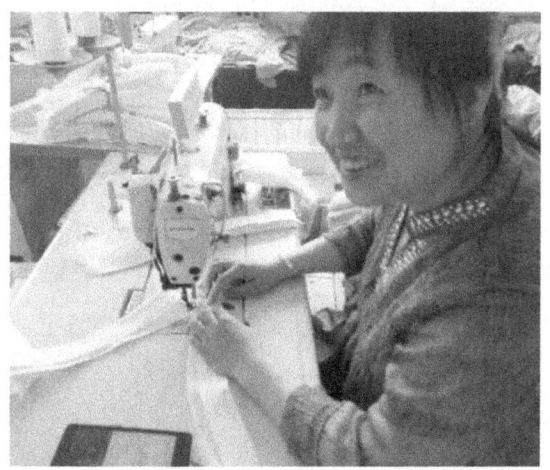

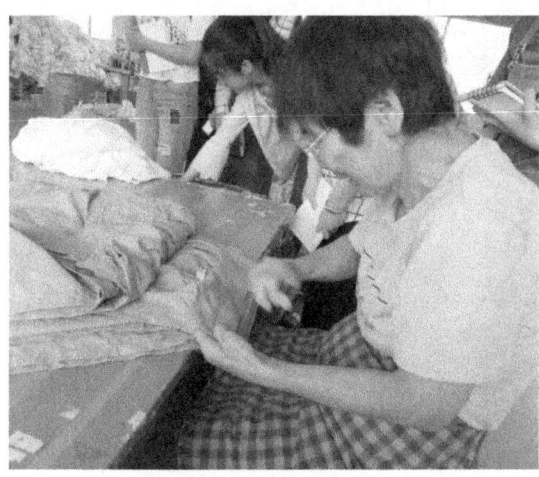

工作人员陈小红的婆婆柳奶奶在缝边

上建立起来的业缘关系维系着企业的运转。这种小规模企业的抗风险能力弱,尤其在以服装产业为支柱产业的容城,同行竞争的压力促使家庭企业要不断转变运营思路,时刻把握服装市场动向,通过解决市场信息不对称的困局更好地满足消费者的着装需求,在革新制衣技术的同时提高服装质量,从而抢占市场先机。为了更深入地了解容城服装产业的发展现状,发现容城发展服装产业所面临的困难,容城调研团队服装组成员对杜超进行了深度专访。

2017年5月26日,服装厂会议室,面对企业未来的发展方向,杜超陷入沉思

【采访地点】容城县大河镇东里村保定闻知制衣有限公司厂房

【采访时间】2017年5月26日10:30—12:00

【采访对象】杜超(保定闻知制衣有限公司股东)

【采 访 人】保定闻知制衣有限公司股东 杜超

【整   理】何雅君、陈悦

问:现在父辈和长辈还会经常对自家的服装企业进行指导或干预吗?

答:还是会有一定指导和干预。比如说接单,当我们了解客户的需求后,会聚集在一起就客户要求和成本预算等问题进行讨论。

问:都会讨论一些什么问题?

答:首先探讨的问题是价格,生产单件衬衣利润薄,要想回收成本和盈利就必须以量取胜,如果客户需求的衣服做工比较复杂,那量少单件定价就高,这就涉及如何权衡的问题。

其次探讨生产环节之间的衔接问题,每个环节都是连在一起的,不能说因为某一块脱节而影响后面的产量和进度。最后,父母还比较关心生产时间的问题,希望不要忙的时候太忙,闲的时候太闲,而是使时间分配更为均匀一些。

问:如果你的经营理念和方式与父辈不符或相反,你会如何解决?

答:我自己的经营理念比较传统,不会刻意说追求某种特定的利益,而是更趋向于眼光长远、细水长流,但是父母可能有时候就比较看重眼前利益,在这种情况下我们的理念会产生一定偏差。

对于这种问题,我觉得首先要承认不同的人有不同的看法,凡事都可以协商。父辈传下来的企业能存活这么久,其中的经营方式和理念也有值得我去学习的地方,毕竟我还比较年轻,资历尚浅。

其次,我认为应该要树立自己的经营观念并从实践中总结出一套解决问题的方法,静静思考,从实际出发,用时间去证明自我能力,最终获得长辈的认可。

问:从父辈手中接过服装企业后,它的状况是什么样的?

答：之前的服装企业主要是召集工人，去分摊其他服装工厂的工作量，按照他们的生产步骤和要求照做就行，比较简单，不需要费劲。

问：你有没有发现一些问题，是怎么为它制定发展方向的？

答：我接手之后开始去拓展自己的客源流量渠道，这就意味着所有的事情都需要自己来操作，比如说测量衬衣面料的米数，多了客户不接受，少了客户心里不高兴。这些比较细致的问题都需要我们自己操心。随着这几年经验的积累，我觉得还是需要学会协调，得到客户与消费者认可才是我自己最大的心愿。

关于未来服装企业的发展方向，我认为有两点：一是做企业必须有规模，有了规模才能有效益，且在此基础上做好内供，对服装产品质量进行严格把控。二是吸纳大批人才，特别是有觉悟和能力的管理人才，让他们深入车间与工人亲密接触，把需要关注的事项一一列举成具体条例，事无巨细，为企业发展打下坚实的基础。

问：你觉得家庭式作坊生产（现在你的企业生产方式）的产品质量和安全（包括工作人员和场地、消防等）如何保障？

答：关于产品的质量实际上是与生产工厂的规模、机器等因素相关的，我自己内心非常清楚，我们的优势在于价格低廉，而与之对应的劣势是在产品质量与做工上可能不如大工厂细致。这是个必须承认的现状，因为我觉得花最少的钱获得最好的质量几乎是不可能的，所以我们并没有放大缺憾而是专注于中端产品，还取得了不错的消费市场。把新客户做成老客户，把老客户做成相互依靠的伙伴，这当中所投入的时间和默契的积累于我而言是笔巨大的财富。

问：有过相关安全方面的考虑吗？

答：关于安全方面，该投入的必须投入，绝不能因小失大。消防指示必须落实在每个车间的负责人身上，要保证下班时间、车间没人的时候，绝不能有电。我觉得安全是每个家庭和企业都需要关注的严肃话题。

问：对于经营管理模式上，以你自己的家庭式生产为例，有没有什么值得借鉴的经验？

答：我经营服装企业这几年明白一个道理：凡事不能靠匹夫孤勇，而是要积极用语言去沟通、用能力去解决问题，并且能够在生产实践中总结出自己的一套管理方式用以感染激励每个人，再把这些人组成一个效率团队，团队内部共同交流并推进服装企业的进步。

问：有没有需要吸取的教训？

答：我自己的服装企业主要以家庭式生产为主，家庭企业最突出的优势就是价格低廉。但同时缺点也是明显的，无法参与企业市场的竞争，激烈的竞争可以有效促进企业的发展。但同样倘若未来没有一个完整的、有目的性的发展蓝图，那这所有一切都是徒劳无功。

问：经营过程中有没有遇到什么困难，觉得难以解决到差点撑不下去？

答：企业经营过程中最让我发愁就是时值新旧交替的春节假期，那个时候工人的人员流失非常严重，对于服装这种密集型生产产业来说几乎是致命打击了。按往常来说，我一般会给予工人最大的自主选择权，帮助他们权衡利弊，作出更为妥善的选择。

问：最后是怎么解决的？解决后的心情是怎么样的？

答：工人是服装企业发展的命脉和希望，我觉得最好的解决办法就是参与人员竞争和工人市场的拓展资源抢占。从经济方面出发，不克扣工资是一个管理者最基本的要求；从人文角度出发，我对待工人犹如自己的家人。当问题发生后，我更倾向于选择一种平和、稳重的心态去思考，而后制定相关解决方案。此外，还必须承认一个前提，那就是做好参与市场竞争的心理准备，每个人为了自己的利益都会挤破头向前，我需要做的就是积极融入市场，为企业寻求新的发展机遇。

问：在你经营过程中遇到的重大成功是什么？

答：其实说是重大成功，好像也称不上，我做人做事儿就遵循一个原则：做到问心无愧，对客户负责，对每个穿衬衣的消费者负责。比如衬衣成品出厂前必须干净整洁，分送到商户商铺等销售区域的时候，不会因为质量问题被退货。

回想起经营家族服装企业这几年，我一直都坚持凡事亲力亲为，把自己的工作方法和经营理念传递给每一个员工。一个好的企业家是能够在日常管理中对员工进行潜移默化的影响，让他们能够接收到相关信息并在工作中更加努力，我觉得这是我想要达到的一个境界，既能和工人们如亲朋好友般亲密，又能在适当的时候成为团队的领头者和负责人。

问：你对服装业有没有情感？未来供子女选择的方向中会有限考虑服装生产吗？

答：对服装来说，肯定是有一定的情感在里面。至于以后对子女来说，他们自己愿意选择继承或者帮忙管理都可以，看他们自己的意愿。对他们来说，还是有一种期盼。人们都说"子承父业"，其实对服装这一块来说，我们还是有难以割舍的情结。人一辈子干一件事不容易，还是靠一种精神。对于服装产业来说，这种用工密集型产业，国家和区域发展的方向，肯定会是有很大的改变。还是那句"没有倒闭的行业，只有倒闭的工厂"。对于自己未来的发展方向和发展方式，我想还是要把自己的创新和智慧放进去，才能使企业走得更好更远。

"天道酬勤，商道酬信，人道酬善"，我一直把这几句话当作自己的座右铭。时代可以改变一个人，但改变不了每个人的梦想。对于我们这样的80后来说，我们得到了好的时代，对我们来说是任重而道远。我们会化压力为动力，为明天美好的生活而拼搏努力。

每个人的人生观和价值观不同，对这种传统产业，我们还是会尽自己最大的努力。因为这些年一路打拼过来，我们会把自己的思想与未来企业发展方式相结合，尽自己最大的努力，为创造明天美好的生活打下坚实的基础。

调研思考

企业要想有附加值的东西,首先东西要做的漂亮,无论是做工还是价格,必须要有优势。客户跟他们说:"做衣服需要一种'工匠精神',衣服能说话,每个消费者都认可你,这才是成功之处。"这句话杜超这些年一直记得。

"没有倒闭的行业,只有倒闭的企业。"采访中,杜超反复说起这句话。无论是内销也好,外贸也好,都倒闭了好多家企业。对于我们来说,各个方面都比较稳妥,美中不足的是生产能力有限,毕竟几十口子人每天生产衣服的数量还是有限的。一个企业,一个企业的带头人,尤其是中小企业,缺少的是人才。每个行业都有每个行业的游戏规则,每个行业都有其自身发展,每个企业的领导人都有不断发展和进步的欲望。凡事都要靠自己每一步的努力去做。

也许相对于父辈来说,杜超这辈更有闯劲和干劲。办服装厂也会遇到一定的困惑和困难,之前是服务于一个地区的客户不完整。其实对于做服装来说,不仅仅局限于衬衣,此外还有很多值得研究和琢磨的事情。对于父辈来说,他们的思想、人生观,对企业的摸索劲头,也随着年龄的增大在日益减退。现在办厂的都是年轻人,年轻人比较灵活,认知能力比较强。比如跟客户业务上的往来等,对父辈而言可能已经是一件有困难的事。但是父辈把手上的产业交到年轻一辈手上时,就一定会踏踏实实地去做,绝不会留下遗憾。"打江山容易,守江山难",凡事到任何时候都要居安思危。在当前状况良好的时候,一定要为自己可能遇到的困难多做打算,为以后进入企业的发展提前锻炼抗风险能力。

从家庭作坊式的生产模式下衍生出来的现代化企业化经营管理体制,在本质上仍然带有固定的家族式企业经营模式的特点。目前父辈依旧会对企业的生产经营进行干预与指导。而在这过程中,两辈人在理念上存在着巨大的差异,杜超自身在企业经营上属较传统的理念,但不同于父辈的理念,他对企业利益的追求更注重长远化,通过细水长流的利益积累来获得丰厚的整体利益,并且他认为企业要积极融入市场,以寻求新的发展机遇。而父母则比较看重眼前利益。另外,父辈对生产过程也是自始至终参与其中。比如接单,在了解客户需求后,家人会聚集在一起讨论客户要求与成本预算等问题。在价格方面,由于客户定量少,单价成本高利润薄,这其中如何权衡利润问题成为双方讨论的核心;在生产环节方面,每个环节之间如何进行有效的连接，提高效率，缩短生产时间等问题都是在生产之前双方需要进行探讨的问题。

虽然两者的最终目的都是为了实现企业盈利，但在方式上存在本质差别。父辈参与企业生产的主要目的是想通过自身长年累积的经验来进行生产判断，以期获取可观的利润，而杜超则希望在传统的理念之上吸取更多先进的管理模式实现企业的现代化发展。而对于两辈人的观念差异，杜超也有自己的解决办法。首先是对父辈的理念采取"去其糟粕、取其精华"的方式，借鉴他们优秀的经营方式和理念；其次，自身要在实践中不断学习与总结，树立自己的经营观念，并从实际出发，用时间证明自己的能力，以获得长辈认可。

对于服装企业而言，保障生产人员的充裕是必不可少的条件。而一般在春节期间，企业人口流动量十分大，对生产的影响直接制约着企业的产量与利润。在如何保障企业人员的稳定性问题上，杜超选择从"以人为本"的理念出发，通过保障工人合法权益来留住人才，保证企业的长远发展。

杜超在采访中介绍到之前家里的服装企业主要是召集工人，给其他服装厂代工，并按照他们的生产步骤和要求做就行，这种方式比较简单。而他接手之后，便开始拓展自己的客源流量渠道，这就意味着所有的事情都需亲自操作，小到自己亲自负责测量衬衣面料的米数等。但随着几年经验积累，得到了客户与消费者认可，也巩固了自身的客户群体。同时也是自己对做事原则的坚持：对客户负责，对每个穿衬衣的消费者负责。

正是因为杜超拓宽自身的客源渠道，拥有固定的销售市场，从而为员工提供了稳定的工作场所。所以面对工人流失严重的现象，他的解决办法就是企业要具备参与人员竞争体制和抢占工人市场资源的意识。从经济方面出发，不克扣工人工资，保障他们的基本生存权益；从人文角度出发，关心员工的日常生活状况，在工作岗位的选择上给予他们最大的自主选择权，帮助他们实现自身的价值。

杜超"以人为本"的人员管理理念，更是希望将把自己的工作方法和经营理念传递给每一个员工。希望通过自身与企业不断发展能够树立良好的企业文化，然后通过日常管理潜移默化的影响到每个员工，让他们也能够不断提升自我，实现自我价值。杜超所想实现的企业管理方式是既能和工人们如亲朋好友般亲密，又能在适当的时候成为团队的领头者和负责人。

第四章

民俗与民乐

雄安新区的设立，对辖区内民众来说是一个机遇，同时文化传播也将面对一个更大的舞台，白洋淀虽然历史文化底蕴深厚，但也需要紧跟时代的步伐，只有优质饱满的内容和形式才能被大众接受。通过走访调研，可以看出传统民俗传承人在新区建立后对传统民俗文化活动发展的迷茫和希望。在新区建立后，应该怎样保护当地的民俗文化，应该怎样发扬民俗文化，是一个需要思考和解决的问题。

第四章　民俗与民乐

第一节　民俗深厚的圈头村音乐会
——访安新县圈头村音乐会成员张淼

圈头村地处白洋淀的中心地带，四面环水，算得上是白洋淀中的一个岛。白洋淀水区村里的街道非常狭窄，圈头村也不例外。在这个交通不便的小村庄，流传着至今有三四百年的历史的国家非物质文化遗产——圈头村音乐会。

圈头音乐会始于明末清初延续至今，根据当地师傅们的传说，离圈头村不远的鄚州曾经是一个非常繁荣的地方，是从南京到北京的必经之路，这里曾经有一个非常大的寺庙，供奉的是药王邳彤，该庙是当时笙管乐的主要演奏场所。20世纪初，庙里有一高僧叫聊艺，将这门音乐传给了圈头村的村民，后来圈头村在自己的村里建了寺庙，同样供奉药王，音乐会就此在圈头村流传下来。至于为什么会供奉药王，是因为当地交通不便，看病是很困难的，平安成了人们最大心愿，借助神灵的力量，用古代的药王来保佑自己的平安，或求助药王

2017年新年音乐会成员在会址前合影

音乐会供奉的药王

来治疗疾病便在这种环境中自然而然地形成了，由此构成了圈头村"音乐会"最具特色的一点。

音乐会的乐谱、乐曲是僧传，属北乐，乐队由笙、管、笛、云锣、鼓、镲、铙、钹、铛子等乐器组成，保留了明清时代甚至更古老的曲目，曲目完整，历史悠久，几百年来传承至今。该音乐会形成以来，除了排练、教习等活动以外，主要演奏场合有3种：一是为庙会演奏，每年有3次固定的庙会演奏时间，第一次是正月十四、十五、十六，连续演奏3天；第二次是农历四月十九、二十、二十一的庙会；第三次是农历七月十五。二是当为当地白事活动演奏，"音乐会"不会参与当地的婚事。三是为该村的烈士陵园演奏，时间为每年的正月初一。音乐会所哼唱的工尺谱是中国传统乐谱，多记载乐谱的骨干字，框架谱"啊口、韵腔"主要靠师徒之间口传心授，念会乐谱后再练习笙管笛等乐器，直到能够演奏为止。

音乐会在当地汉族民俗文化中占有重要地位。作为一种汉族民间艺术，圈头音乐会演奏技艺也很有特色，所使用的乐器均为"E"调，全套曲目共40首和一套打击乐即（坐禅谭）：其中小塌曲14首，小尖曲10首，小大曲13首，大曲3首，所有乐曲在节拍类型上分为5种，即散板、倒板、节子板、慢流水板和快流水板。

圈头音乐会能够经过岁月的沧桑而传承至今，关键在于村民

2016年音乐会在庙会进行表演

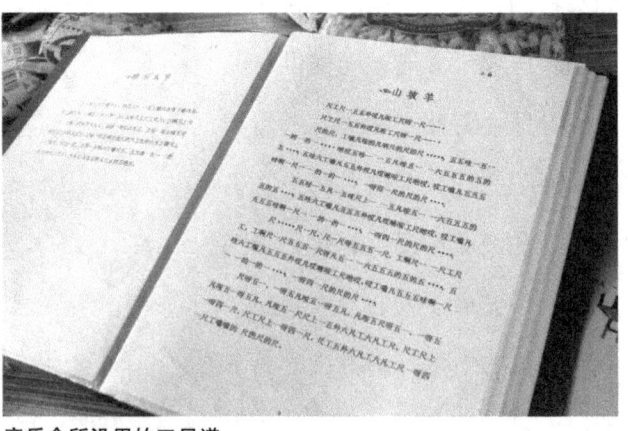

音乐会所沿用的工尺谱

们对于祭祀的虔诚和音乐会一代一代传人的执着。正是由于这个因素，音乐会才能够历经数百年而近乎不变的传承下来，"文化大革命"期间也曾受到限制改为演奏革命歌曲，如《东方红》《大海航行靠舵手》《毛主席语录歌》等，后又恢复传统乐曲。为了传承，打破了传男不传女的常规，发挥老艺人传帮带作用，培养出一批热爱民间古乐的年轻艺人，他们中最小的仅有10来岁，不仅保持了优秀民间艺术的生命力，还结束了圈头古乐面临失传的尴尬处境。

圈头音乐会乐手们所演奏的乐曲，具有典雅平和、庄重严肃、舒缓平稳、不急不躁的特点。无论是小曲还是大曲，乐手们出于对香会祭祀的虔诚，并不注重个人对技巧的炫耀，而是更多强调整体性，强调乐曲的完整和统一性。乐手们在会期间，就是严格依照香会的意识和程序演奏这祖祖辈辈传承下来的40首曲目，从来不演奏其他的乐曲。

在新一代圈头村音乐会的成员中，80后小伙张淼，师承陈小花师傅，学习技艺17年，作为爱好义务教学4年，是这项国家非物质文化遗产的传承人。我们和他进行深度的交谈，看见了一个传统文化传承者的迷思与执着。

【采访地点】安新县圈头乡圈头村

【采访时间】2017年5月27日13:37—14:35

【采访对象】圈头村音乐会成员张淼

【采 访 人】郑波、赵雯平、罗梦雪、郭泽华

【整　　理】赵雯平

问：你从什么时候开始在音乐会学习？当时为什么会选择学习？

答：我从2000年的冬天开始学习，那时候我13岁。我的爷爷、父亲和哥哥都是学武术的，我以前也学武术，后来音乐会经常出会，我看了表演挺想学这个的，我非常喜欢这种旋律，这个乐曲。后来2000年我们新换了一个香头，就开始在村里的大喇叭里说要招收学员，我就去报名学习。

问：当时和你一起学习的人多吗？

答：我们学习的时候一开始有三四十个人，后来学到最后的只剩下两男两女了。以前我们不招收女弟子，后来在一位香头家教学的时候，他自己的女儿和朋友想要学习，从那个时候起开始招收女学生了。

问：每年你们会固定招收学员吗？有没有固定的拜师仪式？

答：我们不是定期招生，一开始我们只是冬天学习，夏天不学习，我们一年学不完曲子。我们只有4个人，很多大曲都没有学习。后来中途有人想学习，我们就又重新开始学习之前的内

2017年5月27日调研组对张淼进行深度访问

容。我们拜师的风俗没有建立起来,但是师傅在我们心中地位很高,那种师生关系已经不用拜师这种仪式来强调。他对我们特别好,我一个师兄就说,我们现在还愿意待在会里义务传承就是因为中师傅"毒"太深,因为对师傅的感情深,所以尽管他去世了,我们也没有办法离开音乐会,我们要维护下去。

问:你对师傅最深的记忆是什么?

答:学习乐器的时候我们年龄还小,在冬天的时候师傅会备好果脯啊一些零食。每年正月初四我们这一科的学员会一起聚会,师傅每年都会请我们吃饭,有些师兄弟晚上在师傅家学习的晚了,还会和师傅在家睡觉,在被窝里学曲子,当时我们对曲子特别着迷。我感触很深,因为一个老头的经济来源也不是很多,也就是自己种一点地。我们和他特别好,他是抽烟袋的,我们有时候也会拿起烟袋嘬两口,一点也不把对方当外人,这样嘬两口师傅的烟袋让我觉得很亲切,就把他当作自己的亲爷爷,后来我在北京上班的时候看到有个地方卖烟斗,我就买了一个烟斗送给他。

问:学习过程中有什么困难,你怎样克服这些困难?

答:我们学习工尺谱就有困难,工尺谱是中国民间传统记谱法之一。用工、尺等字记写唱名。学习讲究"口传心授",我自己养成习惯在师傅演唱的时候多听几遍把谱子记录下来,那时候小,其实记忆力没么好,但我特别勤奋,我把它记录下来。出去很多年没接触这个东西很容易忘记,但是我看到自己当时记录下来的东西就还能回忆。后来我开始从事教学的时候就一点一点重拾起来了。

问:每个人学习天赋不一样,你的师傅会不会分门别类教授?

答:这个没有,我觉得我师傅教授不足的一点就是不够统一,我们师兄弟演唱的时候会有一些小出乎,我们师傅当时觉得差不多就过去了。但是我们教学也是有规矩的,老先生们他们规矩很严厉,就是你一开始学习什么乐器,其他乐器你是不许碰的,这个也是因为我们的乐器有限,制作起来也麻烦,我们都是手工制作哨片,小孩子用乐器有些费,弄坏一个很心疼,会里没那么多资金,没有钱去买乐器。所以一开始学习什么乐器就学习下去。

问:那你现在教学会不会在你师傅的基础上有进步?

答：肯定的，我要求他们统一，我以师傅的录音版本为教材，让大家演唱统一，让大家演奏笙、管、笛、云锣4种乐器的时候更统一。为了让每个孩子更好地掌握这门技艺，我每天会教学3个小时，不同程度的人会分为3个班，加深他们的理解。另外，在乐器学习中，我也会考虑一下学生的个人情况，比如我一个学生学习文场❶实在记不住谱子，我就让他去学习武场，武场是需要一对学员的，自己一个人也不能学习，所以我又选了两个人陪他，这样有些学员就会了更多技能。

问：那你们的乐器都是延用会里的旧乐器吗？

答：我们乐器全部都是古时候流传下来的原有乐器，现在定做乐器也是沿用古法，没有改造，演奏的也是古传的曲谱。现在会里的乐器都是会里买，如果自己想买也可以，我们学习的时候乐器也还有，但是乐器也旧了不好用。

问：很多人都半途而废，你为何选择坚持下来，并选择传承下去？

答：现在孩子们一批一批换得特别快，你不教下一批就没法传下去。如果我们这群师兄弟能齐心协力弄这个事情，是可以很好传承的，我师傅去世时会里文场就有50多人，现在有一半的人如果能出来，我们就不会那么着急教一批又一批学生，就可以把时间合理分配，让他们把曲子记得更牢固。可是现在会里只有不超过10个人，这些事就很困难。除了人员困难，我们招生也挺困难的，我以前在学校当老师的时候，就会在学校宣传，一开始能去60个人，后来就没多少人能坚持下来，而且我要求严格，一批一批往下刷人，人更少了。

问：你之前在学校教学，教授什么课程？

答：我在圈头学校（包括小学和初中）教自然科学和数学，和音乐会没有什么关系，我们学校为了应付上面检查弄了个校本课程，没有真正搞起来，其实条件成熟的话也可以弄起来。

问：你个人对音乐会是什么样的情感，你觉得这个音乐会对村里的其他人有何影响？

答：一方面我对这些老的艺术表现方式真的非常热爱，另一方面主要来源于我

---

❶ 音乐会分为文场、武场，文场负责演奏表演，武场坐声。

的师傅陈小花,现在已经去世,他对我们很有耐心,教学时说"东西教给你们了,我不希望断送了,希望你们发扬下去",我也希望可以更好地传承下去,所以开展义务教学。

但是对会里面一些事情也有不满,比如会里面有些人会有牢骚,总说"咱们关门吧,不行了",这种话很伤人,我们来音乐会都是为了会里的发展,都是义务来会里,可是听到这样的抱怨就很难过。我们这有一句话叫"宁领千军,不领一会",当会长很麻烦,因为我们都是自发性组织,没有制度,没有资格去开除人。所以会里发展存在很多问题。

让我欣慰的是很多学生对这个音乐会还是很痴迷,我们村下过雨之后路非常难走,有些孩子还是照学不误,有村民会说这些孩子疯了,下雨都拦不住他们。让我看到这个音乐的影响力。另外,我们会在村里的影响比较大,我们的音乐是用来祭祀超度亡魂的,特别老年人很喜欢听这个曲子,从远一点的地方来听,给人心里特别安静的感觉,有的老人嘱咐自己的孩子说自己去世后不要什么排场,只要音乐会来超度。

问:你现在办教学,你觉得现在的教学环境和你小时候学习的时候差距大吗?

答:教授方式上我的要求比师傅更严厉,我们先传授唱法,唱得不过关,那么演奏出来肯定也不好。我先教授24首小曲,小曲都学习之后再去摸乐器。另外,现在的学生和我们那个时候也有区别,我们小时候学习,也没有什么可以玩的,现在学生都有手机电脑,这些方面都影响到我们的招生,人家不爱好这个了,都去玩手机玩电脑。我们这个地方以前之所以花会比较多的原因就是那个时候大家没什么别的娱乐消遣,只能拿这些音乐解解闷,而且时间长了自然而然就喜欢上了,但是现在小孩对手机电脑太入迷,不愿去学习

2017年4月21日圈头村庙会演街

了。现在孩子来凑热闹的人多，但是真正来学习的比较少。有些孩子因为家里人喜欢年龄很小就被家长送过来，可是这么小的孩子不适合学习，他们记不住东西。我教孩子的标准一般是四五年级。

问：怎样缓解招生上的困难？

答：我个人力量有限，如果要缓解的话我觉得首先国家会给我们补助资金，我们可以用于招收学员。另外，我们还可以多做些演出活动，可以通过学校或者媒体来宣传一下。之前县教育局就想把这门艺术纳入我们学校的特色，利用音乐课或者课余时间来传承这个事情挺好的。

2015年11月4日张淼进行音乐会教学

问：音乐会在村里发展的怎么样，有没有一些发展阻力？

答：我们音乐会在村里的影响力还在，但是我觉得发展的不是特别好。首先，有些观众出来看一眼就会觉得都是年轻人在演奏，但是老先生都去世了，年龄断层就是很严重，我们师傅比我们大师兄大二三十岁，这个没有办法，中间没有人了，老师傅去世后只有我们年轻人了，很多观众就觉得没有老师傅我们这个东西就要完了，其实我觉得年轻化也挺好的，年纪其实和技艺无关，你能拿出来很好的演奏其实是最重要的。

发展阻力有多方面的，一方面我们会里内部可能有些矛盾，有些人可能心思不正，不是真正为会里的发展去考虑，而是为了一些私欲。另一方面就是我刚才说的资金跟不上，招生乏力，观众不买账。青中年要外出打工，小朋友小学毕业后可能会去县城上学，没有时间学习工尺谱，以前学习的内容就忘记了。最大的困难就是教出来一拨走了一拨。

问：你认为发展最大的驱动力是什么？

答：最大的驱动力就是我们不能让这门传统艺术灭亡在我们手里，要把这个东西发展下去，不能忘记我们师傅这些年日复一日，年复一年对我们的培养。我经常和学生说的一句话就是："我没有收你们的任何费用，你们学是义务的，我也是免费教，既然我们学习这个东西，我们要把它学好，因为这是一门古老的文化，我们不能让它断送在我们手里，要发扬下去。"

问：有没有想过怎样更好地继承这门音乐，可不可能保存传统基础上有些融合？

答：我们的曲子总共40来首，如果全部能拿下并且长时间不忘记的话是很难的一件事情，没有别的时间去演奏别的东西。因为不管演奏什么乐器，想达到一个高度不是很简单的事情，要一点一点磨炼功夫。我立下一个规矩，40首曲子全部用一种乐器学完可以选择学习另外一种乐器。

问：你们的收入来源于哪里？未来发展有没有资金扶持？

答：我们收入主要是庙会的时候，我们供奉的是药王，每年过庙有一些香客和公德钱，我们用这些钱来维持买进乐器或者乐

2017年音乐会年青一代表演

器维修等。我们是没有个人收入的，都是义务的，其实如果不爱好这个的话，你给我钱我都不去，不是为了钱，一方面为了自己的爱好，另外一方面是为了让曲子不能失传。

问：你个人觉得这个音乐应该怎样传承？

答：我觉得我个人条件有限，因为我需要我的工作，没有工作我真的会吃不上饭，我还需要养家糊口。还有一个问题是，如果我走进学校其实教授的还是同一批学生，所以我晚上在家教一下就好了。

现在还面临拆迁不拆迁的问题，那拆迁后又会变成什么样子，大家都不知道，我也想看看未来会发展成什么样子，再做下一步打算。条件允许，我希望音乐会会

越来越好,我也一定会尽力而为。

问:有很多专家来此调研,他们有没有好的建议?

答:我们也有过一些探讨,我也很希望我们的音乐会能走出外面,走进学府,中央音乐学院的张伯瑜教授带学生来考察过后,专门把师傅们请去音乐学院举行了专场演出和授课,这就是一种很好的宣传方式。还有我们是佛教音乐,我也很希望它可以回归寺庙。但是通过表演来宣传的方式实现起来比较复杂。首先,因为我们是"一棚"音乐(演奏需要多种乐器合作,演出人数最少少不过15人),我们要出去演出,人员首先成为问题,孩子们平时还要上学,而且还不固定,这就成为麻烦;第二,我们平时也要养家糊口,没有人专门有时间去张罗这些事情。总结来说就是学生们怕耽误他们学习,上班的人怕耽误他们挣钱,所以发展和宣传都很困难。

问:除了音乐本身的发展和传播,新区建立后,你对这门艺术的发展有何展望?

答:我先说一下我的担忧吧,第一是拆迁之后,村里的人不可能离得那么近了,相对分散后人员就更不固定了。第二是我们的会址怎么办,我们没有固定的练习和演出的场所,这怎么去发展,不可能在居民楼里面喊。第三点就是新区成立之后我们当地的风俗习惯可能跟着变动,在超度老人以及庙会、过年都会有活动,那以后没有活动了,我们存在的意义是什么呢?

好的方面是以后人多了,四面八方的人多了,有利于音乐的推广吧,如果给我们一个固定的会址,这样是好的,如果不这样做的话,我还看不到什么希望。当然如果以后会有更好的条件,我会尽我最大的努力去传承这个事情,争取让这种音乐走进更多学校,更好的宣传,吸引更多对它感兴趣的学生来学习。

2015年7月张淼和师弟夏海峰带学生在外表演

第四章 民俗与民乐

调研思考

安新县白洋淀的生态环境特别，因为水域面积广阔，各个村庄交通不便，村民们保存着传统的生产和生活方式，作为劳动闲暇时间的娱乐活动，传统音乐在这片区域依然流传着。安新县的民间音乐种类丰富多样，民间器乐有"音乐会"和吹打乐；戏曲有河北梆子、老调梆子、河南梆子、京剧、昆曲等；民间舞蹈（当地称"花会"）有狮子舞、花灯、跑旱船、高跷等。其中，"音乐会"和"吹打班"在当地的民俗活动中依然发挥着重要的作用。除了圈头村"音乐会"以外，安新县端村音乐会也被列为省级非物质文化遗产名录。

调研队对安新县圈头村的传统民俗活动"音乐会"进行深度调查研究并且对其成员进行深度访问，对这一民俗的来源、现状进行探访。圈头村的音乐会在当地有很大影响，从现实意义来看，是村内进行大型祭祀活动和超度亡灵必不可少的表演形式，从其文化层面上来看，这是一门传统民俗文化，是维系村内民俗情感的纽带。党的十八大以来，以习近平总书记为核心的党中央高度重视中华优秀传统文化的传承发展，始终从中华民族最深沉精神追求的深度看待优秀传统文化，从国家战略资源的高度继承优秀传统文化，从推动中华民族现代化进程的角度创新发展优秀传统文化，使之成为实现"两个一百年"奋斗目标和中华民族伟大复兴中国梦的根本性力量。雄安新区建立后，对这个地区传统民俗的保护、继承与发扬成了社会关注的重点。

在访问后，可以看出传统民俗传承人面对新区建立后对守护民俗文化的坚定中不乏有对传统民俗文化保护和传承的迷茫。在新区建立后，当地的民俗文化应该怎样传承保护，应该怎样发扬是一个需要思考和解决的问题。

第二节　民间圣乐，古韵悠长
——访安新县圈头村音乐会申遗人张国振、传承人夏满军

圈头乡位于河北省保定市安新县城东南，白洋淀的中心地带，四面环水。这里流传着一种古老的传统民间音乐叫圈头村音乐会，始于明末清初，延续至今从未赓绝。圈头村音乐会与民间信仰关系紧密，他们用音乐来祭祀祖先和神灵，也用音乐来为自己故去的亲人超度，是一种只用于丧礼、祭祀和传统民俗活动的圣乐，在当地民间文化中具有非常重要的地位。

2008年6月，圈头村音乐会被国务院批准列入国家级第一批非物质文化遗产扩展项目名录，这对其知名度、影响力和传承能力都起到一个巨大的提升作用。为了更深入地了解圈头村音乐会，我们来到安新县圈头乡调研。这是一个非常古朴原始的村落。村里巷道曲里拐弯，蜿蜒狭窄，砖石裸露、柴扉紧闭的屋舍老宅和墙缝上疏爬的苔藓透露出浓浓的苍凉和荒芜。这里大部分青壮年都外出务工了，稍大一点的孩子也到外地读书，村里大体只剩下老人和未成年儿童。

我们事先联系到为圈头村音乐会申遗工作倾尽心力的张国振老先生。在说明了来意之后，热情的张老先生担心我们迷路，执意要到车站迎接。五月底的华北平原已是炎炎夏日，午后闷热难耐，张老先生带着一位年轻壮实的小伙儿早早在路口等候，后来我们才知道，那是目前圈头村音乐会的重要传承人之一，名叫夏满军，近几年来通过各种方式开展音乐会教学、推广和传承。

以下是关于圈头村音乐会的采访内容。

第四章 民俗与民乐

【采访地点】安新县白洋淀圈头乡

【采访时间】2017年5月27日 14：00—16：00

【采访对象】圈头村音乐会申遗人张国振、"市级非物质文化遗产传承人"夏满军

【采 访 人】周洁、冯明园、李锦、许梦媛

【整   理】周洁、冯明园、许梦媛

问：您能先给我们介绍一下圈头村音乐会吗？

答：一般在民间有两种吹打乐，即南乐会、北乐会，南乐会是吹鼓手，是为挣钱谋利的。咱们圈头音乐是北乐会，也叫圣会、善会，主要是为人民服务，与人民同乐。

圈头音乐的主奏乐器是笙与管，此外还有笛子、云锣、大鼓等。在每首乐曲演奏中间，有打击乐器组合作为连接，打击乐器有大鼓、钹、铙、小擦、梆子等，笙与管是比较难学的，入行门槛高，不学个三、五年无法驾驭。

问：您认为圈头村音乐相比其他传统音乐有什么特色？

答：首先，相比其他传统音乐，圈头音乐会是保存比较完整的，并且演奏的无一例外都是传统乐曲，绝不演奏流行音乐。世代传承的民间礼俗、民间信仰支持着会社的生存，也使得会社所演奏的这些乐曲依附着民间礼俗而得到有效的传承。

其次，圈头音乐韵谱方式的特殊之处还在于"啊口"的存在。音乐会虽然保存了这本以工尺谱记写的乐谱，并根据工尺谱翻译了两本五线谱、一本简谱，但由于乐曲的实际效果与原曲之间还是存有一定的差距，所以师傅在教唱的过程之中加入了"啊口"，

圈头村张国振老人家。张老和夏满军介绍圈头村音乐会情况

就是乐曲演奏中的装饰部分，比如"嗯、啊、哇、呀、依、儿"等语气衬词来渲染感情，融入了圈头地方特色，使音乐更加有血有肉，用于传达不同的感情色彩。这个必须依靠师傅们口传心授，工尺谱主要是用来帮助记忆。

问：圈头音乐在用曲方面有讲究吗？

答：不同场合所用的曲子不同，一般是专曲专用的，这里面很有讲究，比如说送路的时候一般会烧车、马、人，并演奏小踏曲《山坡羊》两次，等到庙会祭神的场合，又会演奏《铺坛咒》，以示对神的崇敬。

问：圈头音乐有自己的乐谱吗？

答：圈头音乐属于中国传统古乐，用工尺谱记录。工尺谱区别于西方的五线谱，是我国传统的民间音乐独有的记忆方式，这种谱法不是记录音乐的准确样式，只是记一个曲调的框架，不填词的，所以音乐传承还是需要老师口传心授，在忘记的时候可以看看工尺谱帮助记忆。

问：音乐会主要服务白事，有什么规定吗？现在音乐会送路会不会收点费用？

答：音乐会社为本村在会的老人的白事奏乐是义务的，负责为其送路，意在超度灵魂，但是一般只为老人送路，青年、小孩去世是不被允许的，因为音乐会是圣会，过去只能为村中德高望重、品德高尚的人送路。如今，本村依旧不收取费用，外村的话会收取少量的费用，按人头来收费，一般一人100元左右，在过去，主家也会给些烟或者别的一些礼品进行答谢。

但由于音乐会没有收入，现在干这个基本也是业余的，平常大家都在忙工作，因此也很少应外村的活，小孩子平时也在上学，除非周六日，要不也没有时间去从事音乐会的相关活动。

问：既然音乐会依旧坚持不

圈头村的演出戏台。这里刚刚为仙逝的老人举办过戏剧专场演出

收费的传统，那么圈头音乐的经费来源主要有哪些？

答：音乐会的经费一部分来自会费。过去，在村子里，大约有800户都在会，在会的家庭每年都要向会中缴纳不多的会费。如今，一般在农历四月二十一即音乐会期间交纳50元左右的会费，也有自愿多交的，并且在那个时候，各家都有人到会中一聚，一起"吃会"，在这种与个人生活密切相关的社会活动中，这些交流和交往中也增强了乡民之间的凝聚力和向心力。另外一部分就是香会上会期间各位香客的捐施。这些经费一般用于会中添置和修理乐器以及购置相应的祭品。目前来看，每年村民交的会费和过庙的香火钱基本上能够支持音乐会的运营。

问：这些非专职的音乐会成员，平时他们大都以什么为生？

答：在过去，这里的人都是"靠水吃水"的，基本上都是以编芦苇、捕鱼为生，一般都长期在家，音乐会的人也是这样，这也使得音乐会能够长久地保存下来。但是现在，水面被私人承包，居民们无法打鱼。现在村里大部分都去北京、天津务工了，留在村子的主要就在村里那七八家鞋厂中工作。由于音乐会是义务服务、不收费的，音乐会的成员出于生计需要也不得不从事其他的生产性活动，音乐会的活动就成了副业，只有在闲暇时间才有空去忙音乐会的一些事。

问：张老师，给我们讲一下圈头村音乐会申请非遗过程中的故事吧？

答：在国家没有提出非遗保护概念的时候，以我和陈小花老师傅为代表的一拨人已经开始着手进行圈头村音乐的传承事业。在(我)2000年退休之后，找到夏满军商量音乐传承的事，希望能够在技艺精湛的老人们手脚还灵便的时候能够将其演奏记录下来。2001年的时候，老艺人们约好每晚七点录制，在那个冬天，我们就把40首古乐收录进磁带，后来又将它刻录成光盘。可惜我们当时没有经验，那时候采集了不少圣乐表演的磁带和光盘，但由于保存不当，现在已经无法使用了，仅残存了部分磁带。

我跟夏满军商量，希望能够通过研究古音乐方面的专家将圈头村音乐推出去。夏满军由于自己家中世代传承，对音乐会有着十分深厚的感情，他也感觉如果丢了会十分可惜。他始终牢记自己作为传承人的责任和使命，通过熟人联络到中央音乐

张老向我们讲述其申遗过程中的故事

学院的老师并介绍了圈头音乐的基本情况。

2002年5月3号,中央音乐学院、中国艺术研究院的老师,还有意大利、韩国多名专家和学者来到圈头村考察,回去之后写了大量研究圈头村古音乐曲式的文章,为宣传圈头音乐做了极大的贡献。

2003年12月28日,圈头音乐会的老师傅们受邀去中央音乐学院开讲座,农民音乐家能到国内最高音乐学府去讲课,这也是极大的荣耀。老师傅们严格按照自己师傅所教授的音乐技法开课,吸引了作曲系、音乐系大量老师和学生来旁听。

2007年中央音乐学院发起组织"世界音乐周——中非音乐对话"交流活动,圈头便是其4个采风点之一。当时吸引了共计100多名来自世界各地的专家学者前来,使圈头传统音乐以鲜活的形态呈现在众人面前。在这个过程中,夏老师主要负责联络专家、学者研究和推广圈头音乐,我主要负责跑申遗。尽管整个过程十分辛苦,但终于在2008年6月申遗成功,这也是巨大的欣慰。

圈头村音乐申遗成功后,名声日益扩大,来采访的人不断。像你们这样院校过来的不多,但媒体比较多,比如中央电视台、《人民日报》海外版等。

问:现在音乐会传承情况怎样?

答:我(夏满军)自己拿了一些钱,建立了圣乐传承基地,专门培养音乐会的传承人。原来就在这儿(张老的卧室)上课,学生越来越多,屋里挤得满满当当,实在坐不下了才考虑去外面租个房子。每天晚上都有培训,秉承"从少年抓起"的理念,所收学员年龄在10~16岁之间,不仅招收男弟子,也招收女弟子,按吹奏乐器的不同(笙、笛、管、云锣),开了四个班教学,并分了快慢班,现在培训班有学员35人。

第四章　民俗与民乐

问：基地有多少个老师？

答：现有三四个讲课老师，主要是我和我的师兄弟们，一般是分好谁上星期几的课，但有事的时候师兄弟也会互相帮着上课。由于音乐会不收取任何费用，并不能维持生计，这些讲课老师基本上又都人到中年，承担着养家的重担，所以不得不外出挣钱，像我就在北京丰台做水产批发。但我们考虑到传承不能断，所以就利用空余时间通过视频的方式履行自己的传承义务和责任。

问：用视频方式？远程教学啊？

答：是的。由于大部分师兄弟都外出务工了，所以我们就想出利用投影仪进行教学的方法。我们就在张老的卧室里装了投影仪，电脑接上摄像头，我们不在圈头村的时候也能给学生们讲课，平时由张老师负责开关设备。

现在远程教学已经开展半年多了，但我们还是尽量争取用口传心授的方式传承。在教授过程中，师父对于学员吹奏上要求十分严格，一分一毫都不能马虎，严格区分可以即兴发挥和不能即兴发挥的段落。学员一般得学5年之后，才有驾驭曲子的能力。另外，学员学了一些曲子后，也会有老师带着他们去进行一些吹奏的实践。我之前有好几次被邀请到中央音乐学院教唱工曲谱，也积累了点教学经验，并借助这些积累的经验为孩子们讲课。

问：现在学音乐会的学生都还在上学吧？你们怎么安排上课时间呢？

答：平时晚上七点上课，周六、日全天上课，上午9点上课，下午2点，晚上6点多。

问：对小孩有没有什么入学资质的要求？什么样的小孩都可以过来学习吗？

答：是有一定的要求的。因为圈头村音乐会是圣会，具有某种神圣意义，对孩子的素质要求

年过七旬的张老熟练使用计算机，为我们展示圈头音乐远程教学的视频

圈头村音乐会传承基地

也是比较高的，必须要懂规矩，懂事，不能胡来，至少得坐有坐相，站有站相。另外，也要能够得到家长的支持和配合，只有这样才可以把孩子管好，把音乐学好。

问：学到什么程度就算可以了？

答：小孩平时还要上学，学音乐的时间确实是比较有限的，因此也不要求全部都能学会，一般学会 24 首小曲以及一首大曲即可毕业。

问：有那么多小孩愿意学传统音乐，是不是因为圈头村音乐申遗之后知名度扩大才学的？

答：一方面，学音乐算是一项技能，学点总归是好的；另一方面，坦白讲，现在很多家长担心孩子成天闲着就玩手机，还不如让他们学点本土传统音乐，所以家长们一般也是十分支持的。

问：在传承圈头音乐会过程中，您遇到过哪些问题和困难？

答：困难是一定有的，比如说教授对象主要为少年，随着孩子的成长、年级的升高，很多孩子要选择教育质量更好的县城，他们外出上学，就不得不中断对传统音乐的学习。另外，年龄段大的孩子要外出务工挣钱，也会中断学习。廊坊地区跟我们不太一样，他们的传承对象主要以 40 多岁的妇女为主，年纪

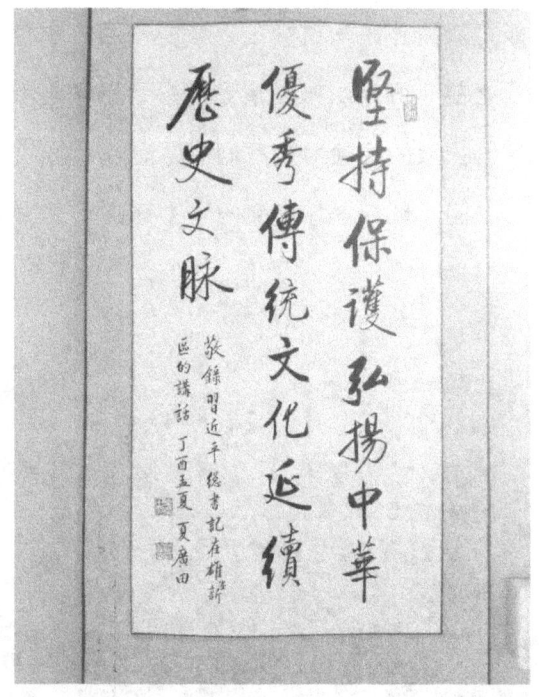

基地内悬挂的字幅，上面写着习近平总书记关于雄安新区文化传承的重要指示

大了，孙子上学了，自己也没有什么事，条件比较合适。我们曾经也考虑过借鉴廊坊的做法，本地也有妇女来学，但由于入行门槛高，很多人都没能学会。

问：对于音乐会未来传承发展，有没有什么计划和想法？

答：传承不仅仅是教授孩子，也是众位师兄弟对老师傅所传授的技艺精湛完美地继承。虽然传承班每年都能收三四十个孩子，但真正优秀的孩子非常少，很多孩子吹出的曲子韵味不够，一些大曲子只有老师傅和师兄弟才能将其韵味演奏出来。未来我们计划争取每年能培养出六七个优秀音乐接班人来将圈头音乐更好地传承下去，与此同时，也想面向全国招收圈头音乐的爱好者，并通过远程设备教学。

总之，在传承的路上，不管遇到多大困难，都尽力解决。传承主要在于人，师兄弟聚不到一起，就无法传承发扬。音乐的传承不能局限在一个村子里，只有开阔视野，传承事业才能更好进行。

问：雄安新区成立后，对于未来圈头音乐的发展有没有什么期待？

答：国家已经通过非物质文化遗产专项资金对圈头音乐进行支持，虽然现在还没有出具体的文件来保护新区的非物质文化遗产，但是国家近年来对于非物质文化遗产保护十分重视，因此我们认为雄安新区的建设对圈头音乐的传承、发展也是十分有益的。习总书记来雄安新区的时候还提出了"弘扬保护中国传统优秀文化，延续历史文脉"，虽然实际的保护扶持政策还没有出台，但鉴于雄安新区各项工作铺展得很快，非遗保护未来也是十分光明的。

调研思考

2017年5月27号下午，我们结束了上午在大淀头村的采访后，就立即乘车前往圈头村，急切想了解传说中保存最为完整古音乐如今的发展情况。这里的胡同不仅狭窄而且曲折，据说是清朝时期的胡同风格，要没有张国振老师引路怕是真的难找到，不禁感慨圈头村音乐所生长的这片土地的原始自然。

进入张老师家里以后，映入眼帘的首先是一部老式的台式电脑，这些都是老先生的宝贝，为了用数字化技术更好地记录老一辈艺人的精湛技艺以及申请非物质文化遗产的需要，这位年过七旬的老人自己摸索学会了这些新玩意儿。在整个聊天过程中，张老师思路清晰地为我们介绍圈头音乐的来源、申遗过程中的艰难、传承面临的困境等问题，还为我们介绍了许多国家有关非物质文化遗产方面的相关规定。一个农民为了让传承百余年、陪伴自己成长的音乐得以延续，所付出的辛苦是别人难以想象的，如今，这位74岁的老人依然精神饱满地为音乐传承奉献力量。这种对家乡传统文化的热爱正是支撑他四处奔走的动力源泉，也是推动圈头音乐传承延续的秘诀。

夏满军老师是当前圈头音乐传承的中流砥柱，随着老一辈艺人（即第三代传承人）的相继去世，作为第四代接班人的他义不容辞地担负起自己的责任和使命，去推广和弘扬圈头音乐文化和音乐精神。由于自己家中世代学艺，因此音乐会传承在他看来不再是简单意义上的延续，更是对上辈人一种情感上的交代。初见这位中年人，就觉得十分朴实、稳重，他在向我们介绍圈头音乐传承发展方面的情况时，还现场即兴演唱了一段古乐。虽然由于生活所迫，不得不远离家乡去北京拼搏，但依然和师兄弟一起利用业余时间通过视频的方式开展教学工作，就像他自己所说的那样：在传承的路上，不管遇到多大困难，都会尽力解决。

调研结束后，我们也颇有感触，并对国家级非物质文化遗产圈头音乐会的未来发展产生了一些粗浅的想法：

一是平衡传承人生存发展和传承使命之间的关系是圈头音乐生存发展的重点。圈头村音乐由于世代传承人绵延不断的努力，使得古老的音乐得以在这片土地上延续。但由于圈头当地生存环境、外界社会环境的变化以及自身生存发展的需要，许多音乐传承人不得不为了生计而外出务工或者在本地从事一些生产性的活动，这就导致音乐会部分活动不能正常进行。人是活态传承的核心，因此，如何平衡传承人生存发展和传承使命之间的关系是摆在这项曾流传几百年的音乐会面前的现实难题。

二是开放音乐学习平台是圈头音乐生存发展的出路。圈头村音乐传承人在对音乐的熟悉和热爱中产生出来的责任感驱使着他们不遗余力地进行音乐传承，充分利用空闲时间、利用新兴的在线视频，义务教授一拨又一拨的孩子，可见他们的传承决心。但是，这些孩子同样由于成长和发展的需要而外出求学、务工，不得不中断对音乐的学习和继承，真正能学好并留下来的人寥寥无几。因此，圈头音乐的传承不应该局限在本地的孩子，而要面向全国、面向各种人群进行宣传推广，让热爱圈头音乐的人都有学习的机会。

三是加大扶持和指导力度是圈头音乐生存发展的保障。一方面，这项古老的民俗民间信仰基础正在不断地被削弱，另一方面，义务演奏的传统也让其在现代社会缺少充足的经济基础作支撑。因此加大政策扶持力度，给予专项资金用于培养和支持优秀传承人，是保证圈头音乐会保留传统、传承古韵的重要举措；加大专业指导力度，为圈头音乐的研究和弘扬提出切实可行的指导性建议，是支撑和推动圈头村音乐会传承发展的重要保障；鼓励古乐民乐研究者加强关注和研究，是保护、弘扬和进一步提升圈头音乐价值并为传承困难寻找突破之路的重要渠道。

第三节　传承百年的王派西河大鼓
——访王派西河大鼓第四代传承人赵连方

所谓"周书李戏",大鼓书发源于周,是一种说唱兼有的传统曲艺艺术。大鼓书是真正的土生土长的民间艺术形式,它通俗易懂、朴实无华、韵味非常,不仅真实再现了日常生活,而且真切地表达了人民的真情实感与爱憎喜恶,它以通俗浅显的语言向人们讲述社会道德与人生哲理,是最喜闻乐见、最接地气的说唱艺术。

西河大鼓是大鼓书中最重要的分支流派,它主要流传于中国北方地区,其中又以冀中地区为核心的流布区。清道光咸丰年间,河北艺人马大河(绰号马三疯,名作马三峰)综合弦子书与木板大鼓两种民间艺术形式,开西河大鼓之门派。马三峰诸多弟子中又以朱化麟、王振元、王再堂声望显赫,群众常以"大官、毛贲、转眼王"来称呼三位。此中"毛贲"即为王振元,他的艺术风格以嗓音洪亮、气度豪迈著称,行内称之为"王派",并自此开启了雄县"王派西河大鼓"的发展历程。

在此次调研中我们见到了王派西河大鼓第四代传承人赵连方先生,赵先生出生于1947年,15岁便拜师学艺,18岁开始带班演出,40岁下海经商,60岁后开班教学,致力于西河大鼓的传承发展,现为中国曲艺家协会会员、河北省曲艺家协会顾问、雄县鼓书茶艺协会主席。

初遇赵先生是在第一天召开的交流会上,赵先生虽身形瘦削但精神矍铄,带有民间艺人自有的质朴与淳善。会上赵先生对王派西河大鼓的发源、历史、现状以及未来的期望作出了详细的介绍,并盛情邀请我们到他的连方书社坐坐,最后赵先生为我们献上了他的现挂表演"国家千年大计,设立雄安新区,传媒老师占先机,座谈聚会这里,老朽年至古稀,竭力传承非遗,我把网址发给你,敬请到我家里。"再遇赵先生便是在他一力建成的连方书社,连方书社实际上是赵先生的家,他将二楼改建成书社,作为王派西河大鼓的主要表演、传习场所。此行我们不仅见到了赵先生,更有他的太太、弟弟、儿媳、徒弟等人,在这里我们对赵连方、对西河大鼓展开了深入的了解。

【采访地点】雄县雄州市场连方书社

【采访时间】2017年5月25日 15:00—16:00

【采访对象】王派西河大鼓第四代传承人赵连方

【采 访 人】邵晓宁、李伊茗、关卓伦、杨红

【整　　理】邵晓宁

问：西河大鼓的发源地问题，您怎么看？

答：这个发源地的问题，不能说这儿是唯一，但主要在雄县。为什么这么说，西河大鼓的三位祖师（大官、毛贲、转眼王）都是雄县人，以前老有争论，但现在已经靠过来了，前段时间发了一则公众号你知道吗，西河大鼓的发源地在雄安。

问：王派西河主要流传区域是哪里？

答：主要在冀中发展，雄县、澧县、保定、河间，主要是在冀中地区，最主要的就是咱们雄县这一块儿。

问：老师，这里是您主要的演出场所吗？

答：我们书社原来也是每天演出，但是由于我经常出去演出，现在的演出主除了在这呢，还有一个是预约演出，有的老板、领导来客人会说来吧赵老师，叫我过去；再有一个就是练习，我们速成学习班的学员在这儿练唱，你比如说我们这儿速成班的刘大荣，今年也50多岁了，她学了几个月了，也会唱几个小段儿。

问：您这里演出的收入情况怎么样？

答：我原来一直在做生意，后来这里的二楼就不再出租了，建成了书社，这是我自己的房子，自己投资建成的。现在我在这里的演出是义务的，都是往里搭钱，有喜欢我演出的，都是给我发个红包什么的，这儿还有个收款箱，也是靠大家自愿打赏，愿意给就给。我还经常去旁边的白沟演出，每个礼拜三场，也是不收费的。我的徒弟郭祥斌领着一个详斌艺术团，到周围几十个村镇给人家演出去，你看老百姓逢着红白喜事儿、婚丧嫁娶这些大事儿，都会请他们去演出，每年能够演出200多场，他这个是收演出费的。这个虽不能说是遍地开花，也可以说是蜻蜓点水。

问：您自费办书社，家里人都支持吗？

答：我15岁拜师学艺，18岁带班演出，40岁下海经商，后来得了这个抑郁症，也是东瞧西看，后来又开始唱西河大鼓，这个抑郁症就慢慢好了，儿女们一看很高兴，全家人都全力支持我唱西河大鼓。我现在就是主攻西河大鼓的传承传播、组团建设、办班学艺。你看我们一家子是西河大鼓世家，我孙女今年12岁，她也会两段，我孙子也可以上场演出，我二弟比我小9岁，6岁就跟着我弹弦儿说书；我老伴儿结婚后也跟着我学说书，我三弟也弹弦儿，现在我弟妹也能唱几个小段儿，儿子弹弦儿儿媳说书也可以上台演出。但是现在光干这个不行，你得以富养文，以商养艺，你从商挣了钱才有条件发展曲艺，把曲艺发展好这是商业不能代替的，这个文化产业就是有长远性的。现在我儿媳做生意，我给她投资的前提条件就是，你必须学唱西河大鼓，要是不学，我这边就给你经济上制裁。说书联系经商，经商养活曲艺是这样的一个联系。

问：老师，那您这儿现在能唱西河大鼓的人有多少？

答：现在我的徒弟有十几个，徒弟的徒弟有几十个，总的算下来，能够上台参加演出的能够有那么十几二十个。我还开办了一个西河大鼓的速成班，现在已经是第五期了，学员有几十个，那其中能够唱一个小段的也有那么十几个了。

问：您这里速成班学习的周期大概是多长？

答：西河大鼓来了主要是先学唱，学弹弦儿的很少，学唱就是一句句背词，完了之后配弦儿，最后练上台，就这么练吧。速成班一般都在半年当中就能唱几个小段儿。

问：那您这里速成班是免费教学吗？

答：免费，到我这儿，你们来了喝水都免费，你们要不走，我管饭都不要紧。到我这里提钱怎么提，问我花多少，不能问我挣多少，只要叫我花钱我就愿意，我就有这个毛病。

问：那看您演出的时候的观众大概有多少？

答：你看我去白沟演出的时候，有一个茶室，我在那儿给大伙儿说书，每个礼拜3场,基本上都是白说,他管我饭我都不吃,因为他那也是刚开业,每场的观众都能有200来人。

问:那这些观众都是什么年纪?

答:最年轻的有50岁上下,但是现在发展的也有年轻的。我经常跟他们开会就说曲艺在于传承,传承必须创新,你看只是说教就不喜欢听,老书新说就有新的观众,我现在微信朋友圈里听我说书的有300多人,也有好多慕名而来找我学艺,里面就有不少年轻人。

王派西河大鼓第四代传承人赵连方在即兴演唱

问:老师,您教西河大鼓,有曲谱一类的教材吗?

答:有一本,是我弟弟他在剧团的时候主攻琵琶、三弦伴奏,因为他又是弹三弦,又跟我很多年,去年我们把西河大鼓主要的曲谱、基本唱腔谱了一本。我还准备把我们雄县曲艺志写下来,咱们中国曲艺志写到了1995年,我想从1995年后接我们雄县曲艺志。我已经收集资料十几年了,现在一稿已基本出来了,没人出钱,我可以自费出版,局长说可以给我书号,只要给号就是支持,在我走之前一定要把它弄出来。那我主要写3个方面:一是雄县人学唱西河大鼓的;二是雄县人收的外地徒弟;三是雄县人拜的外地师父。不管是徒弟还是师父,只要与雄县有关,我就把他写下来。现在中国曲艺志上,雄安上志的艺人就有9个。

问:那咱们经常演的曲目有哪些?

答:经常演的曲目啊,主要有3种:一种就是传

赵连方演出网络直播

统的小段，王三姐啊这些老传统段儿，再有呢是传统大书，像呼家将、杨家将，我擅长演出的一部是三侠五义包公案，一部是王花买父回龙传。老书几乎会个几十部，传统小段会个100多段儿，那大书就很长，好比在这儿，一天两个小时，我说个7年这部书都说不完。以后呢还有新书，什么新书呢，这个新书呢就是自己看小说，你看像《林海雪原》《青春之歌》呀。现在我想着说一部我刚看的书，叫《武松的爱情》，新书也是很长，也能说个十几二十天的。再有就是配合现在的情况，好比今天你们来了，马上上几个现挂说这个事儿，这叫现挂就是即兴表演。就这么说吧，现在我们西河大鼓界，全国当中有会现挂这个能耐的也就我自己个儿。还不是很少，就一个，没有看见第二个挂的了的，包括北京、天津。

问：那现挂是需要很长时间的积累的吧？

答：这个很难说，首先得有几个条件才能现挂，一个是得有深厚的演唱功底；第二个是你肚子里的底蕴得有，你得有组词儿的基础，你好比说这么一个小段儿，你得有10个小段儿在那儿屯着，要不你说不了；第三个，还得有经验，你看我在山东说的那不对，我说"只要胆大不嫌害臊，谁都挂的了"，那是调侃，真正不是这样；再一个就是要有实战经验，越挂越熟，什么也是一样，久练久熟，好比第一次忘词，下来就少忘，再以后忘了你能把它想起来。

问：现在您还收徒弟吗，学习西河大鼓有什么具体的要求？

答：现在我徒弟收徒弟，像我的徒弟郭祥斌他最近收好几个。唱西河大鼓呢，一是嗓音要正，不说好，起码是别出坏音，说书和河北梆子不一样，它那个嗓音是竖嗓，咱们是横嗓；二是耳音要好，要能配上三弦；最重要的是要爱好西河大鼓，什么你不好也不行，你看练一个小段很费劲的，速成班学了半年一个小段还唱不成。我一个小段学了两年半，《雷锋参军》学了两年半。

问：您对雄安建设有什么看法？

答：赶上雄安建设，对我们来说是一个很好的信号，我的徒弟也50多了，怎么办呢，尽我的全力多收徒弟。再一个，我们跟教育局局长已经谈好了，西河大鼓进校园，进学校，这个必须从娃娃抓起，每个礼拜上几节课。还有就是坚持办速成学习班，培养上年纪的爱好者。还有一个是上公园义务传艺。总的说呢，必须借着东风，抓住这个千载难逢的机会，都重视雄安。我希望能够提供一下场地，领导支持能够给我们一块儿空地，哪怕搭个简易房呢，咱们有个演出场所。

问：您觉得以后可以实现售票经营吗？

答：我觉得要售票，得有好演员、好场地，还得有好节目，总体来说得有吸引年轻人的东西。先说继承，再说创新，光继承不创新是死路一条，这话我不光和你们说，我到哪儿开会都这么说。你比如说过去儿媳妇住娘家拜年，可以加点新的元素，过去骑车子，现在可以叫她开着奥迪、开着奔驰，加入时代新元素，说新话。

王派西河之思

此次访谈中，赵连方先生情真意切，知无不言，令我们记忆深刻。他从自己这一生的经历出发，为我们展现出王派西河大鼓在雄县的勃勃生机，这种匠人之心，这一身艺德着实令我们感叹。古稀之年的赵连方不仅因为王派西河而存在，也因王派西河而璀璨，而王派西河也正因这样的忠诚与专注而不断传承发展。

在疆域辽阔、民族众多的中国，有多少民间艺术在无声之中萌发、成长、兴盛，而后走向衰退乃至湮灭。这些民间艺术是真正扎根于人民心间的艺术之花、娱乐之花，犹记得年少时节萦绕耳边的坠子书，它或许有些粗犷，难登大雅之堂，但它却也是祖祖辈辈最钟爱的河南坠子；也还记得电影《百鸟朝凤》中的唢呐声响和最后一曲的苍劲悲凉。综合来讲，在社会迅速转型变化的时代洪流中，如何使大众的艺术、民间的艺术、通俗的艺术得以保存，不为潮流所裹挟，不为所谓的高雅而压迫，真正的独立、傲然的绽放是值得我们深思的问题。

我们不得不承认王派西河是这些民间艺术中的佼佼者，但也必须承认王派西河在雄安新区建设中所面临的巨大风险，而这也正是上述问题的现实反映。雄安新区的建设对于当地社会环境、经济环境、人口分布等因素都会产生强有力的影响，而王派西河的立业根基与发展环境也无疑将发生剧烈的震动。在这样的背景下，赵连方一人之力、一家之力可以说是杯水车薪，此时，健全、顺畅的保护传承机制是保障西河大鼓及其他非遗项目得以生存与发展的基石。而在另一方面，这种保护传承机制的确立也是雄安新区公共文化服务建设过程中的重要一环。我们可以确信的是，雄安新区的建设绝非是平地起高楼，在文化现行理念下，雄安新区的建设必然会引领王派西河、引领本土文化走向更加宽广的空间，绽放出更加耀眼的光辉。

赵连方先挂演出

各位朋友，北京来的学校里面的教授老师同学们，以及来的有关领导，大家下午好，很欢迎大家来到我的茅屋草舍——连方书社。咱们待的这个地方呢，是我的家，楼下是商店，楼上原来也是出租，为了传承西河大鼓，把它收回来建成了书社，2012年就开了书社，到现在有5年了。弹弦儿的这个呢，是我的亲弟弟赵建桥，6岁学艺。昨天下午在美泉会议厅，咱们得以磨炼，大伙儿有个座谈，我也说了两句，今天众位老师、各位朋友来到这儿，很高兴。我呢，别看我70了，上网、直播、自己制节目、片头片尾都是老朽一人制作，我不敢说自豪，感到很满足。人呢不论年纪大小，日月穿梭、历史长河谁也阻挡不了，斗转星移是历史规律，可是人什么年纪说什么话，活一天得活出个精神，不能光想我都70岁了，就这么着吧。接下来我给各位高朋贵友唱一段西河大鼓。我15岁拜师学艺，到现在50多年了，一说水平很低，达不到大家的要求。我唱什么呢，我有一个爱好：现挂，也就是即兴表演，就是看见什么唱什么。今天看见你们了，唱一唱我的老师、唱一唱我的领导、唱一唱我的同学、唱一唱我这茅屋草舍。

国家大计千年，设立新区雄安，传媒学院赶在前，采访来到雄县

昨日咱已交谈，今日请到家园，老朽即兴唱一段，水平有限包涵

阳光明媚艳阳天，咱们雄安换新颜，2017年的4月1日，党中央英明决断，设立新区，号叫雄安。咱雄县听到了这个消息，群情鼓舞，就好像又娶媳妇又过年……睡不着觉的那么喜欢，彻夜难眠。因此上大家伙这才心中思念，你告诉我，我告诉你，一对一的就把信息传，大家都把决心来表，

全力以赴支援雄安。

老朽我姓赵名叫赵连方，今年就到了古稀之年，15岁拜师学的是西河大鼓，18岁我带着全家演出，我的领班。几十年，风风雨雨风餐露宿，也不敢说游遍天下走北闯南，我说书到在天津北京，京津各地，我们也曾跑到那东北演唱一番，我们也曾到在内蒙，我们前去演出爬山涉水，演出回来就把能耐添。

我们家，我是大哥把西河唱，这是我一奶同胞兄弟，他把三弦弹，我比他大了整整的9岁，6岁跟着我就把弦儿弹，哥们儿手足之情，兄唱弟弹，相依为伴，我心疼他，他心疼我，我们感情可不一般。这就是我的儿媳杨佩，也唱西河大鼓，小段也会唱这么十来篇，只因为让她接了婆婆班，开了我们商店，不说西河了光赚钱，杨佩呀，你的公爹给你就把命令下，想赚钱不能把西河大鼓扔在一边，业余就把书来练，练好了我就多给钱。

因此上，为了传承西河大鼓，我就把这个书社办，办书社很艰难，又费力来你说又花钱，我一家全都支持我说这西河大鼓，只因为前几年，得了一个抑郁症，心里头就像把这佐料瓶来翻，苦辣酸甜什么味儿都有。为了瞧病我的儿女们遭了难，带着我到保定上医院，到在北京走一番，到后来我这才说了西河大鼓，大病离我不再来把身缠，儿女们一看高了兴，说我的爹呀，你说书吧，不用心疼花咱的钱，只要是能够你的身体好哇，哪怕花上这个几十万，我们挣钱再赚呐，你花了也心甘，喜在我的心间。因此上，家庭像是一个后盾，支持我夕阳西下，老马奋蹄不用鞭。

因此上在昨天我接到政府的一个电话，言说参加宴会到了美泉，美泉到了会议室，见了咱们同学这算有缘，见了咱们教授，知识匪浅，大家相谈多喜欢，小同学你跟我交上朋友，咱把微信来相连，只要是你了解西河大鼓，只顾给我把那微信传，有什么事情只要是知道，倾囊而赠，有点儿啰嗦你别嫌烦，因此上，咱不分男不分女，也不分老来不分少，咱们都是为了建雄安，只要是大家心往一块儿想，劲儿往一处使，净等着幸福生活在眼前。

第四节 喉清韵雅：白洋淀音乐的先行者
——访安新县知名音乐人陈时刚

千年历史积淀孕育了安新丰厚的文化内涵，大片淀泊水域滋养了安新的水乡品格。安新县前作协主席李卫东以"五大文化"总结安新及白洋淀的历史文化风貌，即以白舟河为主要遗存的宋辽文化、以康乾数次巡幸白洋淀而形成带有帝王色彩的行宫文化、以百种传统捕鱼技法为主的渔猎文化、以骁勇的雁翎队为主导的抗战文化和以展现地域特色融汇多元文化的美食文化。

其中，抗战文化中以孙犁为代表的白洋淀文学更是风韵犹存，从荷花淀派到白洋淀诗歌群落，随着时代的变迁，白洋淀文学也在不断地延续和发展。但互联网时代的到来以及文学自身在表现形式上的局限，使得白洋淀文学在现代的传播效果并不乐观。而白洋淀音乐虽然没有深厚的历史底蕴，但在传播形式和效果上相对更有优势，如何打造具有当地特色的音乐品牌，如何将音乐创作与文化传承结合起来，这些都是我们在调研前产生的困惑。

调研小组到达安新的当天就和当地政府代表、文化能人代表进行了座谈会，会上，安新著名音乐家、安新职业中心老师、保定市音乐家协会声乐专业委员会委员、白洋淀吉他音乐创作协会艺术顾问陈时刚老师演唱了一首极具白洋淀特色的歌曲《我可爱的家乡白洋淀》，博得了大家的一致好评。会后，我们邀请陈老师进行了访谈，想要了解他在创作时的故事、怎么表现白洋淀当地的特色，以及本土化的音乐传承的状况和当地的旅游开发等问题，陈老师也为我们一一作了解答。

【采访地点】安新县锦江之星酒店

【采访时间】2017年5月26日下午13：00—14：00

【采访对象】安新著名音乐家、安新职业中心老师、保定市音乐家协会声乐专业委员会委员、白洋淀吉他音乐创作协会艺术顾问陈时刚

【采 访 人】杨剑飞、倪嘉玥

【整　　理】倪嘉玥

问：陈老师您好，听说您不是安新本地人，您老家是哪里呢？能介绍一下您自己吗？

答：我是河北定州人，后来来安新工作，就一直留在这里了。我专业学的是声乐，留在安新之后主要是在安新的职业学校教音乐课，自己空下来的时候就会出去采采风、作作曲。我自己还开了一家旅行社，主要是安排到白洋淀的旅游。

问：您现在作的曲子都是为白洋淀做形象宣传的吗？

答：对，我之前的曲子基本上都是以白洋淀为主题，偶尔也会为一些活动写写主题曲，帮学校写写校歌。我为什么不写网络歌曲呢，虽然网络歌曲也可以出名，但我就想写真实的东西，写自己本身体会到的白洋淀的美。真正的白洋淀人祖祖辈辈都生活在这里，他们体会到的白洋淀的美不是咱外地来的人感觉到的那种美，尤其是山区、旱地、平原或者海边来的人，他们体会到的美肯定是不一样的。而且白洋淀就是华北内陆最大的淡水湖泊，也是北国江南、北地西湖，别人来看白洋淀就是来看这种水上的美景，所以来这边的河南、山西的游客特别多。

问：白洋淀文学因为孙犁的荷花淀派而被关注，那您觉得白洋淀音乐相比文学来说有哪些特点和优势呢？

答：白洋淀文学确实很出名，安新的作家也很多，2013年的时候就成立了白洋淀文化发展研究会和安新县作家协会，2015年的时候又出了一部反映白洋淀乡土风情的作品《岁月如歌》，但为什么目前来看白洋淀文学传播得并不好呢？

文学都需要艺术化，再加上现在愿意看书的人已经很少了，很多人都有手机，都通过手机来看新闻、看书、听音乐、看电视，愿意翻开本书慢慢看的人已经不多了，更多人还是喜欢图片和文字结合的形式，所以纯粹的文字很难达到期望的传播效果。

2017年5月26日中午安新座谈会，文学家田荣承老师讲话

刚刚座谈会的时候专家介绍了白洋淀这么深厚的文化底蕴，但为什么知道的人却不多？为什么一首《小苹果》出来之后全国的人基本都会唱了，广场上跳舞也用这首歌？因为这些文化内涵的表现形式不对。所以，白洋淀在宣传方面做的其实还远远不够。白洋淀的文化资源本身就是一只"凤凰"，但往往来这边的人看不到，看到的只是一个"鸡窝"，所以白洋淀还是缺少艺术形式的传播。

艺术本身是包含文学的，文学是艺术的基础。没有好的剧本、歌词，艺术还是表现不出来的。但是音乐和文学相比在表现和传播上还是更加有优势的，音乐的曲调更容易让人记住。《小兵张嘎》的电影为什么让人印象这么深刻？因为它不仅靠文字让人阅读，观众可以用眼睛看，用耳朵听，自然印象就更加深了。

问：白洋淀当地有特色的小调和民歌吗？您创作白洋淀音乐的时候是怎样表现当地特色的？

答：白洋淀当地没有，我从去年就开始在白洋淀当地采风，我就在思考既然要创作白洋淀音乐，那调式应该怎么写，到时候听起来至少应该有北方的风格，不能像《月光下的凤尾竹》这样的曲调，所以就得关注音乐的地域性。这里毕竟是河北，所以我就把河北梆子、保定老调的特色加了进去。北方音乐的曲调和南方的音乐有很大的不同，我在写歌的时候考虑到北方的语言习惯，在每句的结尾音都是往下走的，是扎扎实实的，不像云南那边每句的结尾是往上扬的。而且我的歌词还用了白洋淀当地的方言，比如今年安新春晚上我给写的主题曲《赶年集，过大年》里面两口子对话"鸡鸭鱼肉唉""烧……麦""多买……多买……"就是白洋淀的方言。

问：那您的音乐创作会有当地政府或者相关单位的资金支持吗？

答：很少。去年我写歌的时候，王局给了我几千块钱创作经费，但之前我那首《我可爱的家乡白洋淀》代表安新县获得河北省十大旅游金曲的时候，都是我自己出了好几千完成了整个创作，获奖之后只有奖杯和获奖证书，县里面也没有奖金。所以说，之所以县里的艺术创作很难维持下去，有一部分原因是因为县里人民的艺术素养不高，对艺术的认可度不够，真正懂艺术的人都去了市里、省里或者是一线大城市，县里很多人不清楚写一首歌、写一本书到底要投入多少时间和金钱，也不知道知识到底值多少钱。所以，很多人的创作都是因为缺少资金的支持，生活压力太大才停止的。

问：安新本土音乐的传承和发展状况怎么样？

安新本地其实有很多戏曲种类，比如说老调、昆腔、丝弦、梅花调、弦子鼓等。其中最有名的就是保定老调，保定老调是从元代、明代的"河西调"衍变过来的，老调的发祥地是我们安新县的南冯村，在白洋淀的西边。新中国成立后，老调在全国范围内有了名气，《潘杨讼》《忠烈千秋》还被拍成了电影。

安新县有很多河北梆子和保定老调的代表人物，比如说周福才、王贯英等，都是非物质文化遗产的传人，但这些非遗传承人当中有一些人早就已经去世了，至今还在世的也大多已经八九十岁的高龄了，虽然自己的技艺很高，但是来接替他们的传人却很少，这样的话这些音乐怎么传下去呢？而且安新当地也没有民间组织来组织这些本土音乐的演出，也没有专门的投资和支持，很多人都是因为喜欢这个，才会叫几个有相同爱好的熟人一起表演，多数时候还都只是自娱自乐，所以很难形成什么规模。

之前我为了将安新的音乐人才聚集起来，还组织了"安新音乐家协会"，还作为"安新在线"的顾问，帮他们举办了安新的网络歌手大赛。第一届的时候选手有六七十个，反响还不错，我还邀请了我的一些朋友，保定市的一些专业的歌手来当专家评委。之后又有了第二届、第三届，现在已经形成了安新当地的音乐品牌，也获得了一些企业的赞助。

问：陈老师，您在安新当地从事音乐教育这么多年，您在教育方面有什么感受吗？

答：现在为什么安新的艺术人才比较少，其实说到底还是因为这里是个"鸡窝"，很多艺术人才，比如在河北音乐学院学美术、舞蹈、音乐的，他们毕业后大多都不想回县城，我们在县城上一节音乐课，可能才四五十块钱，但是你去大城市就不一样了，在北京上一节课可能有四五百块钱，那这么比较的话还有多少人愿意回来呢？

而且很多家长其实也不太愿意让孩子去学艺术类的专业，因为他们觉得这些专业投入的费用比一般专业要高，毕业之后不一定能找到工作或者找到的工作也不是太好，还不如回家帮忙做服装生意或者生产鞋子。

问：您觉得白洋淀现在的旅游开发情况怎么样？

答：就像我刚才说的，白洋淀是个"金凤凰"，虽然它的历史、文化、自然资源都很丰富，但就是没有整体的规划和投资，现在的开发还是属于比较低端的，旅游的人来了，匆匆看了一眼，吃点咸鸭蛋吃点炖鱼就走了，看的东西什么也没

2017年5月26日下午，白洋淀景区航行水路

2017年5月26日下午，白洋淀景区大门口

2017年5月26日下午，雁翎队纪念馆

第四章 民俗与民乐

2017年5月26日下午，孙犁纪念馆

2017年5月26日下午，荷花大观园

2017年5月26日下午，白洋淀景区卖鸭蛋商贩

记住。虽然白洋淀现在也有了《嘎子印象》，但它其实就是个小品剧，场景故事什么的都不是特别吸引人，只是在说雁翎队怎么抗战，怎么打鬼子，而且里面的音乐都是用的现成的音乐，没有根据剧本原创的音乐。所以我就一直想白洋淀可以弄一个《白洋淀印象》的实景演出，站在一个更高的高度，从历史的角度，把白洋淀每个阶段的历史故事、历史形象、文学流派、自然资源等都给包含进去，然后就思考应该用什么形式，舞蹈和音乐怎么配合，音乐形象怎么树立、外景怎么布置等这些问题。

白洋淀旅游开发不起来还有一个重要原因，就是当地人的认识程度问题。很多人都是靠工业发家的，生产鞋子、羽绒服棉服，他们根本不知道旅游开发能给当地带来多少好处。但是只靠工业的话环境只会越来越差，也危害了很多工人的身体健康。而发展旅游就不一样了，白洋淀的旅游开发不仅会保护生态环境，还能带来经济收入，不是两全其美吗？

而且我觉得白洋淀的旅游开发不仅仅是在景区里进行开发，还可以在互联网上做文章，现在游戏、动漫不是很火吗？就可以把白洋淀里面的水上村庄做成游戏场景，把嘎子、水生嫂这些人物形象用故事串起来做到游戏里面去，别人在玩游戏的时候不是也了解了白洋淀的文化吗。

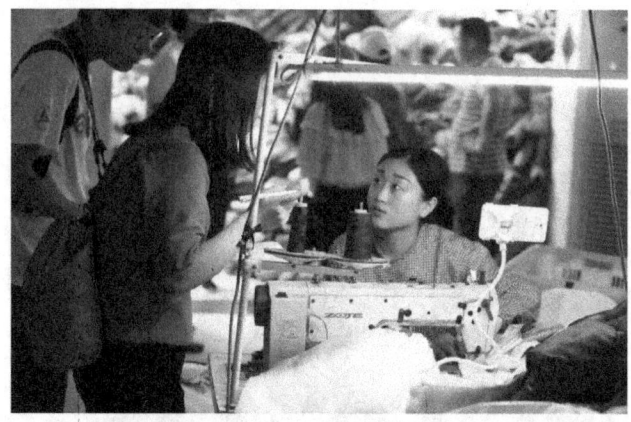

2017年5月27日上午，安新县北六村服装厂

2017年6月27日上午，北六村破旧的道路

第四章　民俗与民乐

调研思考

其实像陈时刚老师这样对白洋淀充满情怀和责任心的文化能人还有很多，他们深受白洋淀自然和文化的熏陶和滋养，希望用自己的笔墨歌喉来让更多人知道白洋淀，而且不仅仅是作为一大片波光粼粼、鱼鸟悠悠的淀泊，还是一片诗情画意、底蕴深厚的文化群落。

去过白洋淀游玩的人应该都会有一个相同的感受，虽然水上的景色很美，渔猎的生活很闲适，但景区内的开发还是属于比较粗放的方式。不管是雁翎队的抗战故事，还是孙犁的荷花淀派，都以一种严肃而刻板的方式呈现着，很难让人提起兴趣。所以，白洋淀虽然是只"金凤凰"，但是还没有腾飞。因此，很多白洋淀的历史故事、文化名人、渔猎生活不能仅仅存在于狭小的陈列馆中，这只"金凤凰"需要更多精工细作的艺术形式来展现。

而像陈老师这样的艺术家愿意用自己的创作来帮助人们认识白洋淀、认识安新，虽然有地域的局限，但也阻挡不了他们想要创作的热情。雄安新区设立后，对他们来说是机遇，安新的平台在不断提升，这意味着他们的作品能够被更多人知道，白洋淀的文化传播也面临着一个更广阔的舞台。

2017年6月27日，与陈时刚交谈

但"打铁还需自身硬"，优质饱满的内容和形式才能为大众所接受。白洋淀虽然历史文化底蕴深厚，但也需要紧跟时代的步伐；安新的艺术工作者数量众多，但也需要跳出安新的圈子，以雄安的眼光来看创作的初衷。

  此外，在陈老师的话语中我们也看到了当地人在文化和艺术素养上的欠缺，没有大众的认可和期待，再优质的作品也只能如"石沉大海"般悄无声息。艺术人才的培养需要一定的经济基础，也需要一定艺术氛围的浸润。但目前看来，安新的文化艺术生活还停留在偏向大众娱乐的层面，人们更倾向于以看电视电影、广场舞、KTV等活动来打发空闲的时光。在这样的氛围之下，文化艺术的创作就必须贴合大众，以娱乐化的形式来呈现。

第五章

文人与文化

雄安新区内各区县的各项建设目前均已停工，到具体建设规划政策出台之前，新区范围内哪些群体的生产生活会受到影响，以及如何保障新区内居民正常的生产生活，是中央和地方共同面临的问题。随着雄安新区的宣告建立，其整体的规划建设也日益被社会各界关注，在未来公共文化服务体系的规划中，应该充分考虑社会力量的声音，最终提升地区整体的文化素养。雄安新区定位于生态城市，这与白洋淀"生态旅游"的概念不谋而合，未来要在保护生态的前提下发展旅游业。河北省的制度政策对公共文化服务带来了不利影响，希望新区政府能够看到抑制当地公共文化服务成长的不利政策环境，对相应的政策制度进行行之有效的整改。

第五章 文人与文化

第一节 忠臣之后：杨氏家风遍故里
——访人于乡北河照村村长杨占军

北河照村隶属于雄安新区容城县八于乡，村里共有 346 户，总人口 1436 人，耕地面积 1800 亩左右，人均一亩三分地。全村人均年收入在 1 万元左右，好一点的家庭可以达到 1.5 万元甚至是 2 万元。村里农民的收入主要靠种植、养殖和箱包加工等，其中最主要的来源还是自家的小作坊。虽然家家都有几亩地，主要是种植玉米、小麦等农作物，但是由于田地有限，地里的收成主要是自家食用。

由于村里的箱包和毛绒玩具加工业十分发达，村里的经济水平在全乡来说都是较高的。早在 20 世纪 80 年代，北河照村的村民就已经开始从事箱包加工，他们利用集市和庙会来销售已经制作好的箱包。近十几年来市场全面开放，经济迅猛发展，这也为北河照村村民的箱包加工业带来了机遇，北河照村里很多家庭都从事箱包加工业。通过在村里走访得知，家家都是深宅大院，有的家庭甚至盖起了别墅。基本上家家都有私家车，有的家庭甚至有两辆车，除了私家车，还有农用车，方便到有"中国箱包之都"的白沟镇进货、销售。

与南方诸多人口大省的农民外出务工贴补家用的情况形成了鲜明的对比，容城当地人很少背井离乡，到外面去打工。在新一轮城镇化建设的当下，如何通过发展当地特色产业，留住乡民，发展乡村，是每一个城镇都要考虑的问题，而北河照村则提供了一个很好的范例。

北河照村是享有"容城三贤"美誉的明代忠臣杨继盛的故里，不久的未来，一个崭新的雄安新区将在这里拔地而起，作为新区人民、杨继盛的后人，如何传承老祖先的精神，爱国奉献，配合国家的重大决策和整体规划，为新区建设贡献一份力量；村民们对新区的期盼是什么，他们的担忧是什么。带着这些疑问我们在杨继盛故里祠前与杨继盛的后人杨占军进行了访谈。杨占军身材敦实，声音洪亮，操着浓重的当地口音。他担任北河照村的村长已有十余年，对村里方方面面的情况十分熟悉，介绍起情况来如数家珍。

【采访地点】容城县八于乡北河照村

【采访时间】2017年5月25日 14：30—15：30

【采访对象】八于乡北河照村村长杨占军

【采 访 人】张秀红、孟伟、任泽阳、张钰、王叶

【整　　理】任泽阳、孟伟

2017年5月25日的下午阳光明媚，杨占军村长带领我们走在北河照村宽敞的村间大道上

北河照村一条热闹的商业街上，正在经营着的餐饮店

问：杨村长您好，请您详细做个自我介绍吧。

答：我是"容城三贤"之一、明代忠臣杨继盛的第15代后人。我们身后就是杨继盛故里祠，2016年12月，容城县政府将此地确立为容城县重点文物保护单位。刚才为大家讲解的是我的叔叔杨四合，他是杨继盛第14代后人。我的先人杨继盛出生在北河照村一个世代耕读之家，幼年时期家道衰落，父母相继离世。杨继盛6岁便下田劳动，8岁便开始放牛。期间，发愤苦读，于32岁考中进士，32岁入仕，到38岁下狱，为官不到六年，七易其职，六赴其任，五易其地；弹劾权奸严嵩，舍生赤诚报国，留下刚直不阿、耿直廉明的美名。

问：杨氏家风对后人及当地的民风有什么影响？

答：我觉得杨氏家风重要的是做人之道，要求后人做正直、善良的人。比如与人同行，勿走好路；与人同寝，勿占窗席；宁吃人亏，勿使人吃我之亏。老祖先的遗训就是让我

第五章 文人与文化

商业街上,村里一位大爷正在兜售自家产的香油、芝麻酱

北河照村热闹的商业街上,商户一家挨着一家,各种车辆不时疾驰而过

们家庭和睦,我们北河照村村民评出的"孝顺好儿媳"张凤英就是代表。她嫁入北河照村后,其婆婆不幸得了脑血栓,瘫痪在床。张凤英挑起重担,不仅每日三餐端上端下,还帮婆婆接屎接尿、擦身洗脸,每晚给婆婆洗脚。这一伺候,便是22年。小姑子都从心底里感激嫂子。

　　孝老爱幼、尊重他人,是娃娃上幼儿园就知道的事情。家风,这种约束力极强的道德规范,正从北河照村蔓延开来。

在街上,一个天真烂漫的小姑娘奔跑着的背影——雄安新区的希望

杨占军村长坐在杨继盛故里祠前与我们交谈

杨继盛故里祠，2016年12月，容城县人民政府将其定为容城县重点文物保护单位

问：您是通过什么渠道得知设立雄安新区的信息？近两个月来，生活有没有大的改变？

答：四月一号，电视播放才知道的，之前没有渠道获得这样的信息。说到影响，现在基本上没有什么影响，不过，搞建筑工程的现在都已经停工。这里的厂房也全部停工，新区3个县在建厂房和民居都停建了。停建会造成一些经济的影响，那也要先放下来，等待政策出台。

问：现在村里的经济收入主要是哪一块？

答：总体来说村民有箱包业和毛绒玩具，农村靠土地收入也有种植养殖，平均每一个人有一亩三分地。比起一般南方和山区要强很多。

问：您对筹建雄安新区有什么感受？在雄安新区建设过程中村民最关心的是什么？

答：新区建设给我们带来了很大的机遇，这是一件好事。也面临着很多困难。挑战主要是村民担心以后拆迁的问题、居住的问题、安置的问题，以及未来生活来源的问题。要说村民最关心的还是以后经济收入、经济来源的问题。不符合雄安新区整体规划的小厂子、小作坊将面临转型，之后的经济来源会怎样？形成了一定规模的企业又怎么办？我们北河照村的箱包加工业已初具规模，年销售额从几万元到几十万元不等，大户能达到上百万元。一会儿带你们参观我们村最大的一家背包企业——伊涵布艺背包公司，老板是本村人，叫

伊涵布艺背包公司老板冯雪，北河照村人，正在与我们交谈。

冯雪。他生产的产品有双肩包、单肩包、腰包等多种类型；对外出口是主要销售方式，主要是销往巴西、迪拜等国家；也有国内的商贩前来采购，主要是义乌、成都等地的商户。每年销售额不低于几十万元。但他就面临企业用工成本的不断提高、还有产业转型的问题，他已经着手在邯郸投资建厂。要说现在农民担心的就是这个问题，就目前来看影响还不大，一切都在等政策出台。

已经打好包，冯雪准备出口外销的背包

问：对于搬迁您有什么期望？

答：大伙儿愿意守着故里祠，故土难离。同时也希望越建越好，我们都是杨氏老祖先的后人，一定会继承祖先传统，配合好上级领导的规划和政策。新区建设肯定会越来越好，儿女后代会享受到新区的待遇。

问：现在您家里还有入学的孩子吗？村里有小学、中学吗？乡中学怎么样？升入大学的人数怎么样？复读的人数多吗？外出打工情况怎么样？

答：现在我家里还有一个孙女在上幼儿园。是国家办的，在村子南边。村里没有小学，在邻村几个村里有一个小学。村里也没有中学，都在乡办中学上。一个班几十个人，整个初中有400多人。高中有容城中学，也有一些私立中学，比如博奥、鹏程，从小学到高中都有，很多家里条件好的都把孩子送到私立中学读书，管的比较严。最近几年，我们村有七八个上大学的。有北京师范大学、北京交大等，其他考不上大学的要么直接找工作，要么读技校以后再工作。复读的也有，不过比较少。村里年轻人大部分去县城工作，一般没有去较远地方，最远也就是在北京。广东、四川再远的都没有。

问：村里有医院吗？在卫生室看病贵吗？大病怎么办？报销程序复杂吗？报销额度是多少？

答：村里有个卫生室，每天开门。有时候也会出诊。一般的头疼脑热都可以治疗。卫生室看病不贵。生大病一般去县城，县城有两个医院，一个中医药，一个县医院，在县医院看病可以报销80%。报销不难，在出院手续办理完之后，一半天就可以。

问：村里的饮用水是什么？村里的道路状况、交通情况怎样？

答：村里的饮用水是深井水。有一个水站，供给好几个大队，长期有水。

基本上每家都有私家车，到县城有公交车。村民有1000多人口，大约400户。车有300多辆，几乎是家里都有车，除了私家车还有农用车，有的一家有两辆车。农村就是这样，一家看一家，你家有车，我家也要有车。搞毛绒玩具和书包生意的要经常用车去白沟进货、销售。原本是有6路公交车的，但是我们村离城就15里，大部分人都可以自己解决，后来经村民表决同意之后公交车就取消了。家里没有车的，年龄大的也有农用电动三轮可以解决，年轻人也有电动车。其他线路还在运营，只是去县城的取消。因为这个公交车是私人承包，挣不了钱就取消了。再加上公交线路来回绕，不如直接骑电动车方便。村里有一些路被拉沙子、水泥的大车压坏了，雨水天气会造成一定出行问题。

问：您出去旅行吗？计划去哪旅游？

答：现在工作太忙，也是偶尔去旅游。附近白洋淀、地道战、狼牙山旅行过。我也提倡全国各地的游客可以到新区这边来参观游玩。现在新区建设任务很重，完全没有时间出去旅游，上级领导也不休息。在管控方面也很严格，不让私搭乱建。村里一户在建都没有，全部停工，现在连装修都不允许，绝对管控住。四月一号以后绝对不让私挖乱建。百姓也认可，党的政策也是好的，你不建以后也有你的房子住。咱们做工作很到位，大家都理解。

问：村民旅游多吗？村委会组织过没有？

答：村委会没有组织，因为村民搞毛绒玩具是季节性的，谁的客户多，谁的客

第五章 文人与文化

户少，没有办法统一。春节、夏季村里有自己搭帮去旅游的，去北京旅游的还是很多的，还有去海南、野三坡、十渡的。

问：村里结婚的风俗是什么？聘礼得给多少？结婚办酒席情况怎么样？结婚对象是本地人多还是外地人多？村里二胎情况怎么样？

答：要聘礼，男方给彩礼在六七万左右。女方也要带一些嫁妆过门，这个都是根据家里的经济条件来看。多的给个十几万，少的给个两三万。结婚办酒席都是各自办各自的，男方办男方的，女方办女方的。女方的人一般不多，当天办酒席女方也就四、五桌酒席，女方长辈还要给男方一些钱。娶外地媳妇的不多，大部分还是本地的。一场婚礼的宴席办下来也就大几千块钱，村里乡里有专门的人办流动婚礼酒席。现在二胎许可生，三胎的情况没有。刚开始会要，但是以后建新区大家可能不会要二胎，害怕养不起。现在的政策大家也不清楚，所以都不知要不要孩子。

问：村民平时月开销是多少？主要用来买什么？

答：艰苦朴素的一个月也需要1000多块钱，一般用来买一些新鲜蔬菜、米、油。买菜去超市，还有一些卖菜的摊位。

问：村委会怎么样选举，村里干部选举情况怎么样？基层干部配置情况如何？会计怎么样产生？

答：党支部是由村里的党员

在北河照村委会墙上"秉忠臣铭训，思一心为民"一行大字十分醒目

杨占军叔侄与我们调研组在杨继盛故里祠前合影

推荐选出，村委会由全村够选举权的成年人（18岁以上）的村民选举，全村有55个党员，村民先产生选委会，投票参与率要在80%以上，达不到这个标准，选举无效。基层干部配置是一个村长，一个副村长，一个委员。会计不算里面，会计通管，算是报账员。比如，清理垃圾卫生记工，需要保证就找他。村民代表产生村监会，从村监会中产生一个报账员。监督委员会有监督的作用。

问：村民纠纷、邻里之间矛盾多不多？

答：不多，早年一般也就是为了宅基地、家族问题，当时没有处理好，村里有调节委员会进行调节，化解矛盾。在我们北河照村委会墙上有"秉忠臣铭训，思一心为民"的横幅，是我们村委会的工作宗旨。村级需要公示的东西很多，写到墙上前，你自己心里先要有本"明白账"，哪些东西村民可能看不懂，可能产生疑问，咱就把这些做到前面，给村民一本明白账。

问：村里大姓有哪些姓？是否还有有权威的老人在？

答：杨、冯、李、张。主要是杨姓、冯姓。杨四合是14代，我是15代。现在有权威的老人家已经很少，大部分都岁数大了，有的已不在世。

问：现在您对新区建设管控的看法是什么？

答：老百姓认为是个好事，如果自己私搭乱建以后还有清理还是要拆，这样是个好事。目前没有担忧，未来一定是会越建越好。

第五章 文人与文化

调研思考

访谈过程中的所见所闻，让人切身感到雄安新区容城县淳朴的民风、质朴的民情。杨继盛临终前写的两份遗嘱，《愚夫谕贤妻张贞》和《父椒山谕应尾、应箕两儿》，后世合称《谕妻谕儿卷》。在这两份遗嘱中告诫两个孩子，兄弟、妯娌间要和谐相处。

通过10多代人的努力，杨氏家风已从"家风"渐成容城民风。公开资料显示，人口20多万的容城县，在过去两年，先后评选出1000余名身边好人。其中，198人（次）受到县级以上表彰，涌现出全国劳动模范夏长黑，中国好人刘雅莉，中国好人候选人王振华、李凤泉，河北省十大新闻人物阴艳池等。此外，还有6人入选保定市道德模范，29人获选"保定好人"荣誉称号，8名少年儿童被评为"保定市美德少年"，49人入选"河北月度雷锋"候选人……

杨占军说，"我们这一带古代就称雄州、安州，老祖宗留下的遗训，契合'安家''安国'的意思。我们作为杨氏后人希望将来能成为整个新区乃至全国的民风，那才好咧。"

2017年4月1日，中共中央、国务院印发通知，决定设立河北雄县、容城、安新3县为雄安新区，容城县这座千年古城也吸引了人们的关注。北河照村作为"容城三贤"之一杨继盛的故里，受到了众多媒体和学者的关注。"在你们来之前，已经有好几拨人来村里走访。"村长杨占军告诉我们。由于中央政策的保密性，村里人之前并没有获得建立新区的消息，4月1号，看过新闻联播之后才知道。从访谈中了解到现在村里所有的建筑项目都已经停工，所有的建筑工人都处于"集体失业"状态，正在建设的民房也不得不停下来。调研期间，也听闻有的村子村干部将村民安排到村委会大院居住的情况。

设立雄安新区的消息公布后，停建对当地有些村民的生活和生产造成一定的影响。

村里一位养猪大户向同行的组员表达了他的忧虑："新区成立的消息刚出来，大伙都在乐。可时间一长就心里没底了。到底怎么拆，拆了之后怎么补偿，补偿款和安置点何时能到位？另外，县里饭店的房租被炒高了好多倍，饭店成本太高，只能关门歇业。饭店一关门也就没人消费我的生猪了，我的生意也不好做了。现在猪肉价格又在持续下跌，成本越来越高，一天天往养猪场投钱不说，光是搭这个大棚就是一笔很大的花销。现在我们一家人都在愁这个事儿啊。国家在整体规则建设的时候，能不能多照顾到我们这些具体困难。"

雄安新区的建设定位是"千年大计、国家大事"，规划建设要"一张蓝图干到底"。新区内各区县的各项建设项目均已停工，维持现状不变，直到具体的规划政策出台。到具体建设规划政策出台这段"政策空白期"内，新区范围内哪些群体的生产、生活会受到影响；在建设过渡期间内，如何保障新区内居民正常的生产生活，是中央和地方共同面临的问题。

第二节　曲径通幽处：白洋淀诗书画院的文人风骨
——访农民书画家赵顺义的弟子及白洋淀诗书画院管理者

中国白洋淀诗书画院的前身是耕余书画联谊会（后更名为耕余书画社），成立于1988年1月28日，由农民书画家赵顺义先生组织书画爱好者开展结社活动。2003年3月3日，在雄县县委、县政府和天津美院原副院长张蒲生先生的大力支持下，赵顺义先生筹资启动建设了白洋淀诗书画院。历时3年半，完成了占地80余亩、总建筑面积3000多平米的一期工程，建成综合办公楼1栋、专家创作休闲小院4座、1300多平米的大型综合性展厅1座、可同时展出500余件书画作品。白洋淀诗书画院内绿化面积20000余平方米，花卉数目80余种6000余株。诗书画院秉承美观实用的原则，外观呈古典风貌、墙体用现代结构、总体布局中轴对称、各处建筑参差错落、琉璃檐头高贵华丽、仿古门窗典雅别致，整体建筑气派庄重，形成园中有院、园中有院的园林式风貌。2006年9月19日，白洋淀诗书画院正式落成，并举办了冀津书画名家作品展，省内外嘉宾800余人到场祝贺。

多年来，白洋淀诗书画院组织桃花笔会、荷花笔会、菊花笔会、自撰诗词曲联文书法展、汶川大地震慈善笔会、墨缘日笔会等各类活动数十次，多次承接河北省书法家协会现场评级，刊印诗词作品集30余册，为弘扬中华传统文化，推动文化事业发展作出了贡献。会员作品获奖、入展、入选中国书协主办的展览50余人次，在全国性展赛中入选、获奖数百人次，全国及省、市诗词学会、楹联学会、书法家协会、美术家协会会员达100余人，这里培养汇集了一大批艺术人才，带动了全县文化事业的发展繁荣，成为雄县文化交流的一个重要平台。

刚刚踏入白洋淀诗书画院的大门，赵顺义先生的弟子便迎面走出，与之前想象中所不同的是，在这样偏僻的地方，诗书画院中的人却自有一派文人的风范，谈吐之间殊为温雅有趣。在负责人的带领下，我们走进了这座颇具古风的建筑，开始领略其中高雅而静谧的灵魂。

【采访地点】白洋淀诗书画院

【采访时间】2017年5月25日

【访谈对象】农民书画家赵顺义先生的弟子及白洋淀诗书画院管理者

【采访人员】魏晓阳、邹千江、陈娴颖、李强、苏粤、庄蓓蕾、王莹、贾瑞凯、鲁浩然、刘宇

【整　　理】魏晓阳、贾瑞凯

2017年5月25日，白洋淀诗书画院。在相关负责人的带领下我们走进了其中，大门两旁挂着一副对联：诗咏渤海千层浪，画写太行万作峰。横批：春光如画

白洋淀诗书画院的综合展厅

问：您好，我们是中国传媒大学雄安调研组的成员，目前正针对雄县地区的公共文化服务方面进行调研，由于白洋淀诗书画院是整个雄县地区相当标志性的一家由民间自发创办的文化组织，我们认为这是十分珍贵的案例，因此冒昧登门打扰，希望能够获得第一手的资料，未来能够对雄县地区公共文化的发展起到一定的推动和积极作用。

答：好，我们已经接到通知了，十分欢迎各位老师同学来进行调研，请进。

问：咱们这个书画院创办了有多长时间？我看资料上说好像有几十年的历史了，是吗？

答：没错，追溯到开始的时候，大概有30年了，最早还没有现在这个书画院，是由我的老师，农民书画家赵顺义先生组织一些书画爱好者进

行的文化活动,叫作耕余书画联谊会。这个联谊会成立于1988年,后来到2003年3月3日,在天津美术学院当时的副院长张蒲生先生大力支持下,又联合了老师很多兴趣相投的好友,最终决定开始筹资启动建设白洋淀诗书画院。之后共历时3年半,直到2006年,我们这个白洋淀诗书画院才算是正式落成,当时一期工程共有3000余平方米,院内绿化面积达到了2000余平方米,花卉数目共有76种6000余株,整体气氛就非常适合书画创作,包括后来进行再建设的时候,我们老师也要求绿化面积不能减少。

问:难怪从刚进来就明显凉爽了许多,没想到这个书画院还是个环保主义者,那这就更好不过了。不得不说,还真有点像古时候文人雅士隐居的世外桃源呢,古人所谓的"曲径通幽处"也就不过如此了,真的是很佩服赵顺义先生能够创办如此别致的一家画院。

答:其实这里最开始的时候是一家砖窑,除了地什么也没有,而且就算是地面也坑坑洼洼的,后来是我们诗书画院根据地形整体规划了一下,总体上秉承这样一种美观且实用的原则。当然,我们在外观上还是运用了传统书院的风格进行建造,不过实际上墙体都是使用现代结构,达到内外兼修的目的。书画院总体布局依照中轴对称的原则,一会儿我们去后院的二楼就可以欣赏到,门窗也全部都是使用仿古风格的,这样整体建筑气派庄重,形成园中有院、院中有园的园林式风貌。而且这书画院里还有很多故事,比如像这棵李子树,就是我们老师在他外孙4周岁的时候种下的,转眼前已过经年,现在这棵树都已经成熟结果了,而他外孙也上高中了,每次老师过来还会经常看看这棵李子树,有些时候恰巧碰到李子成熟,就摘些回去。

问:一步换一景,一景一诉说。没想到这些植物还有这么多故事,那其实这样很多时候就更能激发文人内心的那片柔软之地,从而更好地进行创作,就像这棵李子树,恐怕赵老先生每次来也都是别有一番感悟的。

答:或许是这样吧,不过老师确实非常喜欢这些花草。接下来这边是我们老师作品存放的地方,大部分的书法作品都是我们老师创作的,其他还有些则是我们老师的朋友,当然也全都是十分有名气的书法大家在创作完后留在这里的。

穿过办公区进入综合展厅

问：赵顺义先生的书法这样看过去已经自成一派，很有自己的风格。

答：没错，我们老师的书法开始也是从临摹名家起步，后来把柳体、颜体等渐渐融会贯通，之后加上他个人的体悟，最终就形成了他自己的这种风格，每个

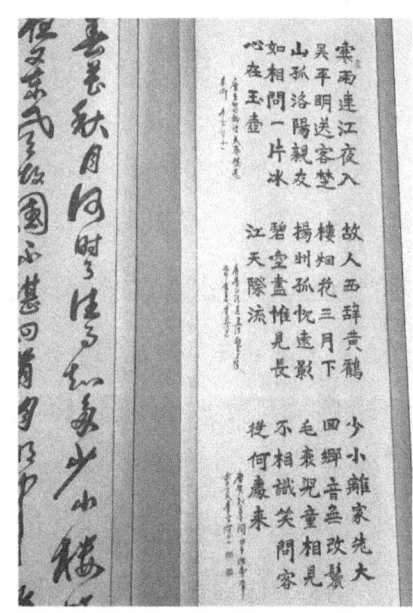

赵顺义先生以及白洋淀诗书画院中其他书法家的作品展览，通过赵顺义先生的弟子介绍，得知赵顺义先生曾经临摹各种书法作品，最终形成了自己独有的风格

字写出来就像是刀锋一样，棱角分明。

问：感觉忽然让我想起来金庸先生在《倚天屠龙记》里面对张三丰五弟子张翠山"铁画银钩"的称号，都给人一种属于文人的铮铮傲骨的画面感，

对了，还不知道赵顺义先生高寿？

答：老师今年86岁，所以平时已经很少来画院，就是办活动的时候有些朋友过来，老师他也就参加一下。

问：可以理解，麻烦问一下我们这个书画院都有些什么活动？每年大概能举办几场？

答：具体能举办多少场根据情况不同都不一样，不过每年最少肯定会有三次活动：分别是桃花笔会，接下来7月份的荷花笔会，还有9月份的菊花笔会，每次活动都会有相关的记载和作品，比如诗词、绘画，刚刚展厅里老师朋友的作品很多就是那个时候创作的。至于其他的例如还有自撰诗词曲联文书法展、汶川大地震慈善笔会、墨缘日笔会等各类活动，此外我们书院还多次承接了河北省书法家协会现场评级，刊印诗词作品集30余册，会员的作品获奖、入展、入选中国书协主办的展览50余人次，在全国性展赛中入选、获奖数百人次，全国及省、市诗词学会、楹联学会、书法家协会、美术家协会会员达100余人。最后就是每个月我们书画院也会举办交流会，不过目前一般都是由我们几个弟子负责，老师只是偶尔出来露面。

问：雄县真不愧是被誉为"书画之乡"的地方，请问这幅是赵顺义先生的画作吗？

答：没错，这幅是我们老师画作当中尺寸最大的一幅，在另一个房间还有许多我们老师的画作，其实你们仔细观察，在我们老师所有的画作当中麻雀画的最多，老师也最擅长画麻雀。

问：这大概就是所谓的画家对于某一种事物的专注和感悟吧，就像是齐白石的虾，徐悲鸿的马？

答：就是这样，主要因为在河北的农村麻雀是一种很常见的鸟类，我们老师闲来无事慢慢地也就喜欢上了画麻雀，有时候寥寥几笔就能把麻雀整个神态都画得惟妙惟肖，十分生动。

问：原来如此，那请问我们这个画院最开始是怎么创办起来的？资金方面又是怎么运营的？政府支持吗？

在白洋淀诗书画院的负责人带领下走进张蒲生作品展厅

赵顺义先生的弟子向我们介绍白洋淀诗书画院创办时的点滴,在谈到张蒲生先生时,他表示在画院创立之初得到了张先生很大的帮助

答:这个其实主要还是依靠我们老师早年间的经商经历,他年轻时候做鞭炮生意,但是本身比较爱好书画方面,慢慢地就在书画圈积攒了一定的人脉,后来鞭炮生意不让做了,老师就把精力专心放在了书画方面,之后就创办了这个书画院。资金运转方面目

参与调研的师生共同欣赏张蒲生先生的绘画与书法作品,在谈论中我们认识到了画院创立所遇到的种种困难

前来说还是要依靠我们老师早年经商的一些积蓄,社会上当然也会有一些资助,不过寥寥无几了。后来政府也给过一些政策支持,比如有一些大型的活动确实单靠书画院承担不起,政府就会适当地给予一些帮助,大多就是在物品和场地上的支持。

问:整个书画院的运营都只依靠赵老先生自己当初的积蓄吗,真是令人钦佩,那这些字画会不会对外进行售卖?

答:赵老师的画作从来不会售卖,当然其他老师朋友或者会员的作品也不会售卖,最多就是有些时候书画院资金周转不足了,社会上有人资助后赵老师会赠送一幅作品表示感谢,但从来没有进入市场进行流通。一方面是觉得目前这个市场还不成熟,另一方面老师也不太喜欢贩卖自己的作品,就好像作品都是自己的孩子一样,有感情。

白洋淀诗书画院学员们的作品同样也会被保存起来,以供参观

问:可以理解,那赵老先生还真是做了一件功德无量的事情呢,平时我们书画院这里会有一些培训班吗?

答:当然有,不过并不收费,更像是一种爱好者之间的交流活动,不光赵老师,北京也会有很多名家过来一起进行交流,我们画院目前会员就有52名,最小的三十多岁,年龄最长的有七八十岁。

问:雄安新区建立之后对咱们画院有什么影响吗?

答:首先游客是变多了,虽然过去每年也有一两千人过来观看,现在还是能够感觉到增多了,不过或许由于雄安新区刚刚宣布成立,所以其他方面的影响还不明

在赵顺义先生的弟子带领下，我们来到了赵顺义先生在二楼的工作室，在这里可以看到白洋淀诗书画院的全貌，整个布置古色古香

显。未来在整个新区的规划过程当中我们书画院肯定会发挥更大的作用，比如所有我们书画院的会员当中，从1982年到现在，数量增加了许多，但是其中没有一个后来赌博犯罪或者对社会有所危害的，所有人都明显更加文明了。由此可见，我们书画院做的事情一定程度上不光是传承了我们的传统文化，更促进了我们这个社会的文明，而且影响的不单单是一个人，而是一个家庭，进而再到家族，是由小及大的影响作用，具备很强的社会效用。

问：这也正是文化产业具备的重要意义之一，不光是传承文化，更多的其实还是这种潜移默化的推动社会文明的作用，那么请问还有其他什么方面带来的影响吗？

答：除此之外，其实我们书画院今年本来打算要进行扩建的，但是由于雄安新区宣布成立之后所有私人或者地方政府都不能再进行建设，所以这个计划就暂时搁置了。不过当时我们已经购买了扩建需要的材料，有些地方甚至已经开始动工，比如刚刚看到的大棚就进行到了一半，但现在停止了，等待后面的政策。

问：这个现象我们在其他村调研的时候也有发现，可是起步区不是白洋淀周围吗，现在雄安所有地区都不能进行建设了吗？

答：这个就不太清楚了，但是就我所知恐怕是的，毕竟雄安新区刚刚成立，未来整

白洋淀诗书画院的鸟瞰

第五章 文人与文化

体的规划都还不太清晰，在这种情况下很多建设可能都会变成无用功，所以也可以理解，不过对于我们个人来说还是个比较关注的问题，毕竟这个期限也不确定究竟会持续多久。

问：那未来赵顺义先生或者说你们这些在画院学习工作的人对于这个画院有什么期望吗？最好能够具体一些，比如说资金资助之类的。

答：随着雄安新区的建立，首先肯定是希望能够把我们当地村民的文化素质整体提升上去，原因你们也清楚，毕竟农村不比城市，很多时候除了农活没什么其余的文娱活动，生活比较乏味。其次，对我们画院自身而言肯定是希望能够在雄安新区的建设当中保存下来，然后继续发扬下去。具体来讲的话比如能够加大画院的建设，从而提升更高层次的文化因素和文化氛围，让我们更好地适应新区的发展，能够为新区建设做一点文化领域的贡献。最后作为书画院的学生来讲，我认为赵老师这30多年来的工作应该得到社会上更高的一个认可，这是我目前最大的期望。

答：另外就是赵老师还希望未来我们画院可以建设成为一家艺术馆，从而进一步扩大白洋淀诗书画院这个品牌的影响力，打响知名度，最后真正成为我们雄安新区建设当中一个文化的地标。

关于雄安新区建立之后对于诗书画院的影响，赵顺义先生的弟子也发表了自己的看法，在期待中些微还有对于未来发展不确定的迷茫与疑惑

193

调研思考

随着雄安新区的宣告成立，其整体的规划建设也日益被社会各界所关注。在调研前期，也就是5月24日与雄县地区的政府领导和非物质文化遗产传承人的访谈过程中，首先我们得知了目前雄县地区整体公共文化服务体系建设都还比较欠缺，在9个乡镇之中，共建设有5个综合文化站，但是基础设施不足，举办的活动次数也较少。与政府其他的工作方面相比，综合文化站的建设受到了忽视。其次，在雄县223个村当中，农村书屋全部进行了建设，并且均已落成，但书本还需要有效利用。最后，分管公共文化的部门通常与其他诸多部门共用办公地，整体职能混合，一些人士尚不清楚公共文化服务的含义。

正是基于此种背景下，白洋淀诗书画院的出现便更显难能可贵，尤其当白洋淀诗书画院整体就是由一个早年经商的农民独立运营，进而还能发展到现如今的规模，能够吸引北京、天津的相关名人前去共同研讨交流，实在是整个雄安地区在公共文化服务建设当中的一朵奇葩。这对于整个雄县乃至雄安地区的公共文化服务都具有一定的推动作用和借鉴意义。当然，在这个过程之中我们也应该发现雄安新区的成立除了带来了机遇之外，对这些私人的文化组织同样也带来了一些困扰和担忧，尤其是雄县本身的支柱性产业由于污染问题而告停，使得其他组织和企业也心有不安。若是想要避免这些问题，就必然需要我们在前期的规划当中意识到社会力量作为公共文化服务体系建设的一环具有不可替代的作用和意义。

最后，虽然雄县地区目前的公共文化服务体系建设还欠缺，但依旧有着像白洋淀诗书画院这样一股清流般的存在能够给人以惊喜和希望，在未来公共文化服务体系的规划中，希望能够充分考虑这些社会力量的声音，最终提升地区整体的文化素养，真正实现谈笑有鸿儒，往来无白丁。

第五章 文人与文化

第三节　白洋淀旅游"品"文化
——访河北省书画院书法家刘贺军

被誉为"华北明珠"的白洋淀自然资源与文化资源丰富，旅游开发禀赋上佳，是当地重要的旅游开发项目。雄安新区的建设为白洋淀旅游业发展带来新的历史机遇。受雄安新区设立拉动，今年清明节、"五一"、端午节小长假期间，前往雄安新区的游人爆满，"雄安旅游"成为新区的一张名片，生态游、红色游、文化游是目前的三大旅游主题。雄安新区带火了白洋淀的文化旅游业，中国传媒大学雄安发展研究院的白洋淀小分队以文化旅游为切入点，走访了白洋淀农家乐经营者、旅行社从业人员等，就"雄安旅游"话题与他们进行了交流。

刘贺军，字迅之，男，河北省书画院书法家，安新县第九届政协委员，白洋淀水天旅行社总经理。他生于白洋淀，长于白洋淀，对当地的民俗文化情有独钟，对当地的自然环境和人文历史如数家珍，经常作为白洋淀文化名片出现在媒体上。作为文化界名人，他醉心于书画却时常以劣作自谦，以诗会友，经常进行公益拍卖；作为经商典范，他与自己的爱人白女士将水天旅行社做到全县最大的一家，员工多达100多人。他的儿子在昆明艺术学院学习声乐。

2017年5月26日，刘贺军老师带领中国传媒大学雄安发展研究院的白洋淀小分队进行了一场白洋淀的文化之旅。5月底的白洋淀天气已经有些炎热，但因为水域辽阔，空气里还有一丝相隔100多公里的北京所没有的湿

2017年5月26日，荷花大观园，水天旅行社总经理刘贺军正带领中国传媒大学师生徜徉在荷花大观园里

润。水面上微风轻抚，波光粼粼，历史上的文人骚客为此景赋诗的络绎不绝。当初的康熙皇帝的一首诗，大概描写的就是此时的白洋淀。

2017年5月27日，荷花大观园，白洋淀上荡舟的游人

白洋湖

（清）爱新觉罗·玄烨

遥看白洋水，帆开远树丛。

流平波不动，翠色满湖中。

第五章 文人与文化

【采访地点】白洋淀荷花大观园等地
【采访时间】2017年5月26日13：30—17：30
【采访对象】水天旅行社总经理刘贺军
【采 访 人】方英
【整   理】刘凯

问：刘总您好！其实我们一直很好奇，白洋淀为什么叫淀呢？

答：淀呢，其实是比湖水浅，比沼泽深，水深9米之下就叫淀。有岁月沉淀之意。

问：您可以先给我们介绍一下公司的情况吗？咱这个行业的整体状况是怎么样的？

2017年5月27日，圈头村。已经很难见到的老式爆米花方法，随着雄安新区的落成，估计会更加难觅踪影

答：我公司全称是白洋淀水天旅行社，经过了河北省旅游局批准，总公司设在安新县。我们旅行社连续多年获得白洋淀十佳旅行社的称号，业务迅速发展，也已经开始作出境游方面的业务，可以说是同行业中的佼佼者。我们现在有多年带团经验的专业导游员40多名，工作人员达到100人的规模。在北京、天津等很多地方都设有办事处，提供各种休闲度假、商务考察、会议学习、民俗观光和红色教育参观等全方位的旅游服务。2012年，我们社也与保定中旅、保定市国旅等社强强联合，成立了保定金牌旅行社联盟。现如今，高峰时期，我们旅行社每年接待来白洋淀的游客有8万多名，主要是华北周边省市的，

2017年5月26日，孙犁纪念堂。在纪念堂里浏览孙犁的生平时，听到一声蛙叫，循声而来

南方游客以及国外游客比较少。

水天旅行社的许多导游都要接受多次的培训才能上岗，社里的许多导游素质较高，在工作中积极宣传白洋淀的文化，最有名的是河北省的金牌导游邱瑞娟，她已经是社里的一张名片，自2002年从事导游工作以来，多次接待过中央、省市各级领导，并获得一致好评。除了在带团过程当中，以热情周到的服务、声情并茂地讲解赢得游客对白洋淀的肯定和赞美之外，她还积极参与到旅行社每年组织的推介会和采风会当中，示范讲解、并编排策划了白洋淀特色的节目：如白洋淀歌曲串烧、三句半、导游员之歌等，向全国各地的组团社展示了白洋淀导游员多才多艺、阳光向上的形象。

整个行业来看的话，安新其他的旅行社的规模其实是比较小的，可能就是一个小家庭开的，还有很多不成规模。一般游客过来，根据他们的需求，会展开侧重民俗或者红色文化方面的参观。人均消费其实并不是很高，人均消费可能一人一天200元左右。

问：咱这边的旅游产业特色有什么？你们想让游客过来体验到什么？

答：咱白洋淀的特色其实挺多的，前有"古八景"，后有"新八景"，静修书院、妃子妆台、聪寺晓钟、台城晚照、东堤烟柳、西淀风荷、鹅楼凌云、鸭圈印月。这每个景都有自己的由来和说法，展开来讲，三天三夜也讲不完。从另一个角度来讲的话，比方说民俗文化、皇家文化、红色文化之类的，你看这马上就到端午了，我们南北方端午都要吃粽子，但是南北方的粽子除了甜咸之分，还有就是包粽子用的叶子是不一样的。南方用的是箬叶，而北方其实用的是芦苇叶，这一点其实大多数人都不知道。而我们做这种民俗文化方面的旅游，就是要让游客可以有更为细腻的差异化体验。

从白洋淀景区、白洋淀温泉城、王家寨水乡民俗村，再到荷花大观园、异国风情园、元妃荷园等景点，都是生态游的好去处。白洋淀曾是抗日重要战场，红色旅游根正苗红。雄安三县历史悠久，保存了大量古迹遗址，来这里旅游"品"的是文化，这里的文化底蕴非常丰厚。此外，我们在很早之前就开始形成自己的特色，像举办

第五章　文人与文化

端午文化节、白洋淀文化节，规模比较大的像荷花节，到后来荷花节持续一个月。游客们可能会感觉很好，然后进行深度游，深入到渔村、垂钓、捕鱼，体验一下当地人的生活，这都是我们的特色。

问：我们知道白洋淀有红色文化之乡之称，像曾经十分风靡的《小兵张嘎》就是在弘扬这种文化，刘总，您能给我们讲讲这方面的东西吗？

答：《小兵张嘎》其实是一部虚构的文学作品，是雄县的徐光耀老先生写的。虽然作品是虚构的，但是整个故事里的红色文化确确实实是存在的。在我们白洋淀文化苑里的红色教育基地里就有这方面的展示。就拿雁翎队来说，他为什么叫雁翎队呢？是因为当时游击队的主要武器是一种被叫作大抬杆的猎枪。由于它主要放在船上打击敌人，而在船上的活动中火门如果被水浸湿就无法使用，因此把雁翎插在火门上，以达到防水防雨的目的。当时的县委书记侯卓夫便为它起名为"雁翎队"。据说，他们与鬼子交战70多次，击毙、俘获了近千人的日军，仅牺牲8人。人们认为他们是神出鬼没、来无影去无踪，被称为"水上飞将军"。我也是雁翎队的后人，在工作中和书画作品中，我都不自觉的宣传我们白洋淀的雁翎队精神。

2017年5月27日，大淀头村。虽然大淀头村模仿了徽派建筑风格，但是细枝末节里依然是当地特色，比如就地取材的围墙

围墙上的莲蓬

问：你们这边有什么特产吗？有针对游客开发的文创产品吗？

答：在土特产方面，基本上来过白洋淀的人或多或少都会听到过这句话"白洋淀有三宗宝，莲子鸡头老菱角"。但这里要注意的是，这里的鸡头并不是我们养的鸡的鸡头，其实它的学名叫作芡实，只不过因为它长得比较像鸡头。而且我们这里产的菱角和南方的也不太一样，南方的菱角叫乌菱，而我们的菱角长得比较像菱形，角比较小。另外呢，还有最有名的咸鸭蛋，在白洋淀周边几乎所有的店面你都会看见咸鸭蛋。还有一些专门开发的荷叶茶、藕粉、水生杂粮等一系列的东西。

在文创产品这块其实白洋淀这边开发的是很少的，可以说基本上没有。咱这边有一种画叫芦苇画，但是它做的太小表现不出来那种感觉，做得太大的话，游客又没有办法随身携带。土特产，说实话，产值并不高。关于文创产品，大的格局已经起来了，毕竟我们刚起步，迫切需要开发的先慢慢做，其他的可以放在以后开发。白洋淀这边的水质非常好，那我们以后可以对它进行包装，上边放一个二维码，手机一扫，你可以知道水的故事。或者，针对我们的土特产进行深加工，做成莲子露，它对养生非常有好处，我们也一直在思考着。

问：设立雄安新区，全球关注中国发展的人都有可能过来了解一下，刘总您有没有考虑过未来的发展，比如英文导游、数字化的一些东西？

答：未来怎么开发，现在其实也说不好。但我们也一直在做这方面的事，像电子导游，在景区每个景点放个二维码，游客租个讲解器，到那一扫，想听英文听英文，想听中文听中文，其实这个现阶段都是可以实现的。我们也一直在努力做国际化，不过现在还处于初级

白洋淀随处可见的咸鸭蛋

售卖白洋淀特产的小摊贩

阶段。目前，我们正和北京的链景旅行社进行合作，在它的 APP 上，你都可以享受到一些白洋淀的导游服务。

问：雄安新区的设立对您公司或者您公司的导游会有影响吗？

答：就影响来说，那肯定是有的。对我们这个行业那肯定是有利好的消息。但是我觉得最重要的一点吧，肯定会更规范化、更正规化。我们目前是安新县规模比较大的旅行社，不说北京的，就说和保定的旅行社相比，我们还是有一定差距的。雄安新区未来建成的话，白洋淀未来可能整块会成为一个巨大的生态公园，安新这块的整体级别肯定上去了，格局会比以前大，旅游需求肯定会变大。我们旅行社如果按现在这个水平肯定是不行的，我们面临着转型和创新。对我们员工来说，一方面肯定有素质上面的要求，另一方面，整个白洋淀历史变革也会影响到我们社里导游和其他员工的生活和工作，大家都得紧跟着时代的变革。自打雄安新区的新闻出来，我们今年的旅游热季从 4 月份就开始了，比往年早太多了，但是游客关注的是整个雄安地区的情况，目的并不是放松休闲。

2017 年 5 月 27 日，大淀头村。村里的老人家依然依靠自己祖祖辈辈相传的捕鱼手艺赚点外快，而如今会捕鱼的年轻人几乎已经没有了

芦苇编织品

问：咱老百姓不是老说，靠山吃山靠水吃水吗？其实咱这地方，大多数人家应该都是靠水来生活吧？

答：确实如此，我们这有一句老话叫"金圈头、银淀头，铁打的采蒲台"。这个俗语就是说，这三个村子因为靠着水，所以农民比较富裕。我们这的主导产业就是渔苇、捕鱼和芦苇。村民们个个是捕鱼能手，家家搞水产。而芦苇呢，可以织席、可以编织，以前人居住，炕上铺的、手上用的哪都需要。但是现在不行了，产值太低，年轻人基本上都不会捕鱼和编织了。另一方面，由于人们居住条件的改善，苇席的需求量锐减。芦苇这种植物，你越收割，长得越好越高。现在白洋淀每年荒废的苇田有12万亩，很多苇田撂荒后，长势不良，也对白洋淀的生态链条造成了破坏。现在大家的生活途径多了，出去打工、做鞋、做衣服、搞农家乐。但是现阶段，整体上看，白洋淀还是靠水吃水。

水生杂粮

问：中央公布的雄安新区的消息，我们这边的居民是怎么看待这件事呢？

答：雄安新区的发布已经将近2个月了，刚开始大家都是特别兴奋的，觉得这是一件特别好的事情，尤其是好多打工的人听说了设立雄安新区的事，信誓旦旦地说要回来发展，再也不受外边的气了。但是呢，中央把雄安新区放到一个千年大计的位置上，到底是怎样的一个规划，老百姓其实并不清楚，所以大家都处在一个观望的阶段。雄安新区要建生态城市，我觉得这个点非常好。我们白洋淀芦苇最多，虽然芦苇现在不值钱，不受我们重视，但是，芦苇绝对要保护起来。芦苇恢复起来对我们华北地区的气候有重要影响，它可以涵养水源，改善华北平原缺水的情况。那最终，我们希望可以随时看到天蓝水清，百姓生活幸福。所以，雄安新区对生态城市的设定是非常好的。

调研思考

根据这两天的调研可以发现，安新县的整体建设、文化底蕴、人民生活水平在中国的农村地区中是相当不错的。通过实地感受和与老乡们的聊天，也可以知晓雄安新区的3县中，安新县的文化旅游资源最丰富。

随着国民消费与出行能力的迅速提升，游客的旅行方式在发生着变化，人们对旅游的期待也不断提高。在目前的白洋淀接待的旅游团体中是以年龄偏大的群体为主，消费能力较弱。随着雄安新区的建设，白洋淀迅速集聚消费能力强劲的客户群体，甚至未来会有外国游客的涌入，消费群体面临着转变，相应的旅游开发的侧重点也要开始转换。如何针对这部分的消费群体进行针对性的服务，是急需进一步考虑的事情。另外，对整个导游群体的素质要求也越来越高，绝不能局限于背稿、机械性重复这种模式，或者出现刻意夸大事实、犯常识性错误这类现象，而要加入一些细节性的、差异化的东西，来把握、吸引即将到来的文化水平比较高的消费群体，真正地将他们带入这个环境、这种文化底蕴厚重的白洋淀里。

白洋淀素有"北国江南，华北明珠"的美称，而且早些年由于《小兵张嘎》的热播，这颗明珠早被世人熟知。但是，通过我们的实地考察，由于辐射的旅游人群仅限于周边省市，整个旅游景区的相关配套设施、文创产品的开发还是相当薄弱。纪念品依然局限于土特产这类低附加值的产品，电子导游、网上订票等网络应用也十分少见。但是令人欣喜的是，这方面的基本想法已经开始萌芽，也开始有了这方面的动作。

雄安新区定位于生态城市，这是非常正确的指导性意见。调研过程中，我们了解到由于芦苇制品价格低廉，大量苇田被荒废，实际上，芦苇可以涵养水源，对整个的华北地区的气候影响都是非常大的，是需要保护的。雄安新区生态城市建设与白洋淀"生态旅游"的概念不谋而合，未来要在保护生态的前提下来发展旅游业。如果能够合理地利用此次的雄安新区建设，借助文化旅游业的劳动密集型、产业链长、关联带动性强等特点，开发文化旅游，对整个地区的发展肯定大有裨益。刘贺军他们这辈人，生于此，长于此。白洋淀厚重的文化底蕴，在他们的身上烙上了独属于白洋淀的印记。

第四节 安新县公共文化服务的发展现状
——访安新县文广新局干部梁峰、自媒体人张永生与县电视台干部

雄安新区作为北京非首都功能拓展区，提出以创新驱动为发展基点，建设绿色智慧城市、打造优美生态环境、发展高端高新产业、提供优质公共服务、构建高效交通网络，成为与上海浦东、广东深圳具有相同代表意义的新区，是"千年大计、国家大事"。其中，如何提供优质的公共服务，对于新区政府来说不可不说是一个巨大的挑战。一方面，雄安新区涉及的河北省雄县、容城、安新3县及周边部分区域，本身公共服务发展艰难，设施建设不完善，另一方面，近年来政策环境以及媒体环境的改变给政府提供公共服务带来了很多挑战。文化体制改革给各个事以及新媒体的发展，对提供公共文化服务的传统媒体带来的巨大影响。

安新县作为雄安新区的重要部分，了解其公共文化服务建设情况，对整个雄安新区公共服务建设整体规划，有重要的参考价值。因此我们走访了安新县图书馆与安新县电视台，考察这类公共文化设施的建设与使用情况，并了解他们的发展情况。在安新县图书馆，我们与文广新局办公室主任梁峰进行了交谈，并通过梁主任采访了安新县最大微信公众号的运营者张永生。与他们进行交流之后，我们前往安新县电视台，对副台长、广告部主任等进行了采访。使我们对安新县公共文化服务的情况，有了较为清晰的认识。

第五章　文人与文化

【采访地点】安新县图书馆
【采访时间】2017年5月27日10：13—12：27
【采访对象】文广新局办公室主任梁峰
【采 访 人】高萍、郭孟嫒、李亚茹、李大伟、张钦
【整　　理】郭孟嫒

问：梁主任您好，您能简单说一下您的个人经历吗？

答：我是1994年学校毕业的，六月份毕业，九月份参加的工作。刚上班的时候，咱们县成立有线电视，我在有线电视这边工作了两年，然后就去了制作室。

问：有线原来就是事业编吗？是考进来的还是招进来的？

答：那时候是人事局分配，没招聘这一说，然后我从有线去了播音制作室，一待就待到了2013年。我在制作这一块儿，从线性编辑到非线性编辑我都是亲历者。中间也参加过培训，像数字电视培训、制作培训，当时在有线我们还参加过网络传输方面的培训。

问：那请问您作为文广新局办公室主任，对咱们安新县文化体制改革这块儿有了解吗？

答：文化体制改革这块儿，当时改革的目的就是为了政事分开，政企分开。原广播电视局拆分为安新县广播电视台，河北广电网络公司安新分公司，然后行政职能并入文广新局，这是等于

2017年5月27日，我们来到安新县图书馆进行考察

图书馆外间是杂志区域，可以外借

是分出来三个部门。原来的安新广播电视局,因为当时是局台合一,受这个大政策跟新媒体的影响,几乎好几个月开不起工资,就是在这种情况下把它拆分的。拆分了之后,政府组织考试,有意向的,比如说想去网络公司或者说文广新局,参加这个由人事部门组织的正规考试,分数高的可以选去网络公司或是文广新局,当时是这么个过程。然后前十名基本上就到了文广新局,剩下的就去了网络公司,不参加考试的就留在了电视台。后来分完家之后,广播电视台因为受新媒体大政策的影响,它还无法生存,还是发不起工资。政府呢就让他们加入财政预算,保证80%的工资,就是(保证)每个人80%的工资,然后剩下的20%,可以个人自筹去,想办法再增加收入,这么样基本上把电视台人员的工资保障了。去网络公司的人还比较好,有收入啊,安装有线电视、有入户率、有收视费这一块,而且他们加了新业务就是接入宽带网到家里,又可以看有线电视又可以上网,所以他两方面的收入对他的工资比较有保障。

问:那么您对河北省文化体制改革的评价怎么样呢?

答:当然大的方面肯定有效果,就是为了政企分开、政事分开,这是国家改革的初衷。但是里面涉及很多细节性的问题并没有解决。比如说原先市里边的广播电视局,它管着市里边的电视台、广播电台,资金各方面的监管都非常到位,但是现在通过市局里边的了解,由细微的管理变成了宏观的管理了。但是它这个宏观的管理这一块,有些衔接不上。

问:您有没有听说,现在山东已经在率先撤销县一级的电视台了。

答:在以前搞过一个公共频道啊,就说要撤销县电视台,后来也没撤销,为什么呢?这部分人怎么安置,然后这部分资产怎么处理,这都是大问题啊。

问:那您看县里电视台可不可以利用自媒体资源呢?

答:这个自媒体资源这一块,咱们说实话,如果电视台采用自媒体的运作方式可能会不适应,因为他是按照事业体制那种上班方式。但是自媒体这块儿他没有时间(限制),有时候为了博点击量什么的,立马就去了。

问:咱们当地有自己的自媒体吗?

答：有啊，做得比较大的像"安新在线"，它的用户量，通过微信就有几万个。微信公众号，"安新在线"，四十来岁的安新本地人办的。

问：您认识吗？

答：认识。

【采访地点】安新县图书馆

【采访时间】2017年5月27日 10：13—12：27

【采访对象】安新在线公众号运营者张永生

【采 访 人】高萍、郭孟媛、李亚茹、李大伟、张钦

【整　　理】郭孟媛

问：说说您的公众号吧，您运营这个安新在线的时候，有没有遇到过具体的，由于你这个公众号帮助到老百姓的，或者得到特别多的反馈反响的事情？

答：很多例子，比如捐款方面发挥的力度就特别大。我们通过这个平台，把这个消息弄的细致，可信度强。当时要救助一个患病的小孩，浑身烫伤，很惨，然后我们把消息弄的比较翔实，在上面都打着收款二维码。这一点付款方便，要打账号的话，这没一个去打账号去。那次捐款得将近二十万，而一般线下捐款，搭个台子最高的有十三四万，一般的捐款也就几万块钱。但说实在的，这种消息不能老发，另外咱们也没这个资质，只能靠个人去把信息了解清楚点。

问：那您现在的消息都是怎么采编的？

答：我们的三个编辑远远不够，现在咱们都是靠平台的粉丝。基本上就是无偿，咱们找点热心网友，建个群那样，有些人就比较关心身边的事儿，愿意发消息，因为他发了也起到了一定的作用。反映的很多问题，相关部门也重视，然后进行了整改。然后有写作方面的，本身就爱好写写文章，你比如说，它是抒情的还是评论性的，咱们把这个往事，回忆往事，也发表了文章，把这个爱好者聚集在一起，然后把题材范围扩大化一些，平常也交流着。他发表了，选用了也得有一定的稿费。

问：咱们这个平台对当地老百姓的作用，除了捐款，您感觉还有哪些主要的方面？我看有房产信息是吗？

答：对当地最直接的作用，你比方说，发小广告是吧，满街都在贴，我有这一个平台，他就在这儿发就得了，而且效果非常好，比如招聘、二手转让这些消息。反映民情起的作用很大。你比如说，主要反映道路的问题，村庄垃圾问题，往往是

你今天曝光某个村的垃圾，然后第二天就有清理的。

问：张老师，不知道您有没有想过把安新县的一些民俗纳入进来？

答：我们年初的时候就想了，和摄协一块儿搞这个。这种文化发掘方面，我从前做了一些，当

通过梁主任，我们联系上了"安新在线"的运营者张永生

时我就跟刘浩说了一下。非遗肯定是一部分，另外除了非遗之外肯定还一大部分。我们肯定是通过网络征集，征集上来很多报名的线索，有这个线索，我们就有组织地去进行访谈。我们和摄协一块儿去，他们拍摄，我们就开始直播。微信公众号底部都有我们的直播，做了很多场。

问：直播效果如何？

答：还可以，看的人不少。比如说蒸面祭的时候，就是我们这儿有人去世的时候，传统的面祭，各种造型非常精美的馒头罗列起来，得有一米五六，就是把这个小麦面弄成人物造型，动物造型的，弄的非常精美，挺高，跟个塔一样，摆在那个逝者的面前祭奠。当时参加的将近两万人吧。还有武术会啊，造船啊，我们已经拍了二十几场了。老木匠造船以前就非常火，但是现在用木船的也少了，他现在就做成小木船，观赏类用的。那个其实也不赖，我买过。

问：您这个公众号的访问量怎样？

答：头条高的时候三四万比较普通，有的时候是一万，最低一万。平台粉丝是十二万不到，安新整个人口有四十万左右。

张永生先生非常风趣地向我们讲述了他多年运营公众号的经历

问：问一个比较宏观一点的问题，考虑新区的发展和您这个平台，您有没有主动地去做一些设计和规划，主动去拥抱新区的机遇？

答：其实也是想拥抱一下。新区成立本身是一个有意义的事，创造一个更大的信息平台比较不错。当然必须得要跟进这个热点，老百姓就关心这一块儿。咱们在发挥功能发挥职能上，得把握这个方向。咱们收集一些社情民意上肯定有它天然的优势。首先你有粉丝数，当然政府有他的工作组，遍布各地，有自己的收集法，咱们民间的这个，就靠粉丝数，靠老百姓。

问：咱现在跟政府的关系怎么样？

答：政府肯定做了非常大的努力，新区成立之后也在做各种各样的工作，咱们作为本地人呢，我们就是跟政府要保持步调一致。当然政府部门的把握也很清楚，也不会过分的要求你，现在毕竟言论比较自由，他们在卡这个信息的时候啊，其实很宽容了。对于政府来说，其实他关注了之后也能了解当地民主在想些什么，也需要了解，所以说怎么做好这一块儿的工作，我也是走着看呢，尽力吧。现在公众号可以作为传递信息和沟通的桥梁。因为老百姓把这儿当作几乎是半官方的了，当地的新闻都能有，很多部门都会提供信息。比方说检察院，检察院独有的信息他们愿意发给我们。当然这些消息是四平八稳的消息，但你得有，你有这方面显得有公信力。但是看下来呢，大家也不太爱看，点击量一两千次、两三千次这样。所以咱们还是发一些老百姓关心的事情，咱们做好这方面功课的同时呢，达到这种沟通桥梁的功能之后，肯定要谋求进一步的发展。

问：那新区建立了，咱们跟政府之间的关系你是有什么需求呢？

答：需求谈不上，能用到咱们平台的时候，我会百分之百配合。咱们平台有一定的优势，当然最理想的状态是在一线向社会公布消息。就是政府信任你了，给你发，这已经是非常非常好了。县里有什么消息让我发没问题，新区政府让我发不太可能。县里宣传部门不是都接管到新区政府那边，新区有什么舆情引导组。而且它邀请各地的宣传部门反馈，每天反馈或者多长时间反馈一次。所以以前可能是小山头，自己说了算，但是现在也面临转变思路，接受更大的挑战。

【采访地点】安新县电视台

【采访时间】2017年5月27日10：13—12：27

【采访对象】安新县电视台副台长、广告部主任一行

【采 访 人】高萍、郭孟媛、李亚茹、李大伟、张钦

【整   理】郭孟媛

问：目前咱们台都承担了什么样的职能呢？

答：一直以来，电视台主要是党和人民的喉舌，主要宣传县里、市里、省里党和政府的大政方针。其他的娱乐节目主要配合县里进行。

问：咱们电视台的定位是怎么样的呢？

答：就是事业单位，靠县财政养活。一小部分是在编人员，大部分是自收自支人员。

问：平时会播一些电视剧什么的吗？

答：电视剧都是省工作站给我们排的片子，都是很普通的片子，也不免费，一年要交两万来块钱。那些片子都是别的台播的片子，三流的，要么就是热播过去很长时间的片子，他才给我们提供一点。

问：您觉得想要提高节目质量的话，需要哪些因素呢？

答：两个方面吧，资金是一方面，主要是人才。举个例子，

县电视台坐落在离新县城非常遥远的南面地区，当天下午，我们来到这里进行考察

我们有幸对县电视台副台长与广告部主任进行采访

让传媒大学的（学生）去县级台，肯定不愿意来，成立新区还有可能。保定的电视台和其他地方还不太一样。这么多年，保定这边传统媒体发展都比较落后，政治氛围浓，离北京近嘛，包括人才也流失很多到北京。

前几年也试图到学校招聘，但是他们宁肯到城市挣很少的钱，也不愿意到县里边来。县级台没有财力、资金，办的节目就不会很丰富。因为节目不精彩，他们到这边也就没什么事情可做，施展的舞台小。有时候凭着热情去做，质量上边就是差一点，影响力就不大，慢慢就萎缩，这个栏目就消失。而且你做个大型节目得要演播厅，县里面这演播厅弄不起来，做一个很小型的节目都很困难。访谈类的算是最小的了，这都满足不了，到人家办公地方，找个办公室，去做这个。中央台做节目是市场化运作，制片人制，县里面这么做没财力。

问：您考虑过要和企业达成合作吗？

答：企业合作不好说，大的企业不会在县电视台投广告，小的企业小商小贩也没多大价值。乡镇企业不是对内的，主要面向的群体不是安新县内，因此平时不会投放广告，也就节假日的时候，应领导的号召，投个一万两万，再多了就困难了。现在自筹基本上找不到这样的赞助了。随着传统媒体市场越来越小，往电视台投放广告的积极性也在下降，包括市级台。

问：您对现在新媒体的发展怎么看？有没有想过拥抱新媒体时代？

答：现在新媒体对广电行业冲击太大，过去老百姓都看电视，非常关注地方台，现在基本上中央台老百姓关注的都少，现在小孩儿们基本上都是手机。咱们做新媒体是做，但是肯定不如人家影响力大。我们准备成立新媒体中心，也有自己公众号"掌上白洋淀"，也想做APP，可是县里没有做APP的实力，技术人员、研发人员都没有。我们也设想过购买，但是购买的话费用成本太高，现在承受不住。

问：那公众号主要是什么内容呢？有什么创新吗？

答：也没什么，用的还是新闻的班子，基本上就是把新闻复制一遍，发到公众号上，相当于电视台节目的复制，没有太多新鲜的内容。而且我们现在的目标还是保障新闻播出，让领导满意，服务于县委县政府，适当地报一些民情。当初自发建设公众号就是为了扩大影响力，传播途径更广一点，收视率高一点。

问：之前听文广新局梁主任提到文化体制改革这方面，有线公司划归到市里面管，电视台直属于宣传部，文广新局挂靠于教育局，您对这种改革怎么看？

答：我了解到，好像就是河北省有这样一个政策，别的省份都不这样。本来县级电视台就很薄弱，而且你像这个有线电视，当时筹办的时候就是举全台之力，没跟财政要一分钱，就是靠整个广播局个人、职工和局里面积累的资金，办的有线。这样省台硬性地分割，有线正是朝阳的时候就把它挖走了，把所有优势资源都带走了，剩下了一帮还在传统媒体上摸爬滚打。像您说的那样，本身就是一个整体，没必要硬性地去剥离，一个优势的资源，应该是合在一起才能发挥更大的作用。现在一分为三，各自为政。合在一起的话互相共享资源，作出节目来，正是老百姓所需要的东西。

调研思考

我们一行此次采访的三拨人，显然各自都有着截然不同的想法。

张永生和电视台众人，他们处在两个极端。对于张永生来说，他紧跟时代的大趋势，运用最新颖的传播方式，通过民间的角度来为县里的民众提供文化服务。而电视台的众人，他们坚定地拥护着传统媒体，对新媒体的出现和发展有些无所适从。

梁主任应该代表了很多体制内广电从业人的想法，一方面身在体制内看到一些弊端，同时坚持着自己业内人士的情怀，认为很多新媒体制作欠精良，另一方面却又明白新媒体是大势所趋，也不断在向这种前沿靠近。

无论如何，传统媒体还远远没有到退出历史舞台的时候，仍旧具有自己的市场与定位，但是也必须承认，现在已经到了调整现有电视台体制的时候了，如何更好分配整个体系的资源，使之重新具有竞争力，是一件十分迫切需要解决的事情。

在河北省，电视台体制问题要放在整个文化体制改革的大背景下去看待。无论是梁主任，还是电视台的众人对文化体制改革都有自己的见解。也许政府宏观上的目标，即政事分开、政企分开，在这种调整下达到了效果，但是这种调整也产生了很多微观的问题。县电视台的就是非常好的证明，文化体制改革让本就因为大环境变化而举步维艰的电视台雪上加霜。

从调研看，河北省文化体制改革对县一级的公共文化服务并没有什么大的成效。我们看到的图书馆还比较简陋，尽管装修翻了新，但是一个图书馆最本质、最重要的藏书量，却没有什么大的改变，一个县连着辖下众多的村，每年也只有三十万的购书费用，杯水车薪。另一方面，改革破坏了广电体系的完整统一，让本来可以相互共享资源、优势互补的单位归到不同的部门分管，反而变得越来越机械、割裂，难以整合资源，这样的广电系统也变得越来越难以给县里人民提供优质、有趣、符合大众口味的文化服务了。

对于新区政府而言，安新的公共文化服务的确像一张白纸，有较大的发展空间。同时，也希望新区政府能够看到抑制当地公共文化服务成长的不利政策环境，对三县相应的制度政策进行有效的整改，以期使新区的公共文化服务与其地位相匹配。

第六章

期待与期盼

建立雄安新区必然会给区域内民众带来翻天覆地的变化，未来的区域规划、土地规划、产业升级也定将对民众的生活产生巨大影响。诚然，只要是改革就一定会触及部分人的利益，国家新政的出台也必然会给一部分人的生活带来影响，如何能够让改革前期所产生的负面影响最小化，让每一个跟改革有关的人都能感到满足，仍然是一个需要探索的问题。

第一节　站在新起点，拥抱新生活
——访容城县晾马台村干部和村民杨建亭

2017年5月26日上午，我们容城县文化资源调研小组一行18人驱车来到容城县晾马台乡晾马台村，对明月禅寺进行了实地考察，并结成小组入户对当地村民进行采访。在晾马台村的走访中，我们最大的感受就是：当地村民对于国家政策绝对拥戴和信任，对新区明天的发展充满期待和自豪。

同整个容城县的步调几乎一致，晾马台村的主要产业也是服装、箱包、毛绒玩具生产等，当地尤其以毛绒玩具生产著称。就我们走访所了解，该村的经济发展水平整体较好，年轻男性多在附近或者县城打

晾马台村村口，聚在一起聊天的老年人们

工，其他妇女大多在当地的毛绒玩具家庭作坊里做女工。据晾马台村委会杨副书记的介绍，该村现有村民约300户，共计人口1100余人，村民主要的经济收入来源为传统农业和毛绒玩具加工业。

在村中的小路上行走时，我们看到不少在树下纳凉休息的

晾马台村，杨建亭老人居住的农家小院

老年人们。对于当地居民来说,文化活动相对较少,尤其是老年人,最大的休闲便是三三两两聚在一起,聊聊茶余饭后的那些事儿。一路上遇到的当地村民对于我们这些北京来的"外地人"不仅没有排斥心理,反倒是非常热情地表示欢迎。

在杨副书记的带领下,我们小组一行4人走进了村中78岁高龄的杨建亭老先生家中,与其进行了深入的交流,了解到了更多村民生活的细节。杨建亭老先生的家坐落在一座小院子里。走进杨建亭老先生家中,呈现在眼前的是一幅宁静、安详的农家小院图景。一见到杨老本人,杨老便热情地和我们握手言谈。神采奕奕、和蔼健谈,这是杨老先生给我们的第一印象,如果不是他亲口告诉我们他的年龄,从他的言行举止中真看不出这是一位将近耄耋之年的老人。

据杨老先生介绍,现在家里住的房屋是三套相连的,整个院子东西贯通了村中两条街道,共计12间,平时一直和儿孙居住在一起,三代同堂,其乐融融。杨老先生共有3个儿子,除了二儿子在北京打工之外,其他都在本地扎根。

据了解,杨老先生以前曾担任晾马台村生产队的队长和会计,对整个村的历史和现状都比较清楚。谈到雄安新区的建立,杨老先生向我们坦露了自己的内心感受。他说虽然目前新区的建设还没有完全展开,但自己总体感觉这是一件很幸福的事,没想到自己年龄这么大了还能亲身经历这样的国家大事,以前做梦都不敢想的事今天竟然亲眼见证了。虽然现在还没有具体的实施,但是大体轮廓已经出来了,新区的建设必然会在未来的日子一点点实现。

对于雄安新区未来的建设规划是否会影响目前的平静生活,杨老先生表示并不十分担心,自己相信中央的决定和安排部署能解决未来的村民搬迁等一系列问题,年逾78岁的古稀老人从言语间都表现出坚定的对党和国家、对习主席、对政策的绝对拥护和支持,即便是搬迁,也不觉

杨建亭老人家中,调研小组深入访谈交流

得有什么可惜。因为,离土不离乡,新区的建设,必然会给他一个安顿的地方,只要老有所居,那就没什么不好的。

同样的,这不仅是杨老先生一人的看法。杨副书记也说到,当地村民在新区政策出来之后,并不会有对拆迁重新规划的抵制,而是从心理上表示欢迎和支持。国家政策的提出,必然有其科学性,村民也将无条件地支持和配合国家政策,为新区建设尽其绵薄之力。

杨老先生还向我们介绍了雄安新区设立后村里的一些变化,自4月1日政策出台后,村委会干部已多次对村民进行了入户走访与排查摸底,村中有几户正在进行房屋建设与装修的人家也已经全面停工,但总体上讲,不管男女老少,村民对新区的建设和自己未来的生活还是持乐观与期望的态度。并且,国家有什么政策,他们也是绝对的服从和支持,相信在国家的统一规划下,一定会给他们带来更加幸福的明天。

在访谈的最后部分,我们向杨老先生和杨副书记了解了村里的教育、医疗卫生与文化活动现状。据他们介绍,目前村里建有一所小学,接收的是附近3个村子的适龄儿童,县里统一安排了老师任教,基本满足了村里孩子的教育需求;在村子西北部明月禅寺的对面,就是在原晾马台公社卫生院基础上改造而成的现在的村卫生院,平时村民有一些小病也能及时在村里诊治;村里目前开展的文化活动主要有村民广场舞和农村书屋。在平日里,就杨老先生个人来说,他的主要活动就是就近去附近的明月禅寺上班,在大庙当庙长,帮忙打理庙里的一些日常事务。其他的闲暇时间就在村里逛逛。但其实有了这样一份"工作"后,杨老先生平时的生活都很充实,并没有感到空虚或者有精力去做别的事。

最后,我们以一张集体大合影结束了最后的访问的环节。杨老先生热情地表示,等新区建成后,欢迎我们再来他家,到时肯定会有许多新的变化!

杨建亭老人家中,访谈结束后大家合影留念

【采访地点】容城县晾马台乡晾马台村村民杨建亭家

【采访时间】2017 年 5 月 26 日

【采访对象】容城县晾马台村村民杨建亭、容城县晾马台村杨副书记

【采 访 人】周慕超、陈嘉颖、刘瑜、赵爽

【整   理】陈嘉颖

问：大爷，您今年多大年龄了？

答（杨建亭）：78 了。

问：大爷，我先跟您说一下，现在雄安新区成立了，我们这次主要就是想来了解一下，村里老百姓听到这个消息之后大家的心情，包括生活跟之前相比有什么变化，您跟我们讲讲您的一些感受，或者您家庭的基本情况都可以跟我们说一说。

答（杨建亭）：那就先说说我这大家庭，现在我们家是老哥俩，我生了 3 个儿子，这边院里是老大，那边是老三。

问：现在是都住在一起吗？

答（杨建亭）：没有，那边西边还有一个院，老二在西边那个院。这就是我家的情况，现在家里有 6 个孙子、孙女，还有一个在北京工作的。

问：孙女都那么大啦，都工作了。

答（杨建亭）：对，这就是我的家庭情况。说我的感受，我感觉还是很不错的，虽然说这个新区还没有具体（开始建设），但是轮廓已经出来了，我感到是很幸福的。现在自己老了，还能换个新家，搬到哪里去以后不知道，可是总体来说还是一件很幸福的事儿。

问：可是您这个房子看起来也挺新的啊，如果拆了您不会觉得有点可惜吗？

答（杨建亭）：不可惜，因为国家已经有新区的规划了，如果为了建设拆了也是应该的。

问：那您对拆迁、补贴，包括搬迁有什么看法？还是希望离这里稍微近一点吗，如果真的搬的话？

答（杨建亭）：搬迁的话，按说应该是离现在的地方近一点好。

答（杨副书记）：年老的人都有这样的要求，都希望彼此离得近一点。

问：离土不离乡嘛！

答（杨副书记）：对，习主席现在政策好让我们搬新区，我们都很高兴，但是希望别搬太远了，不是有句话嘛，热土难离，对搬迁我们没意见，但是希望别搬太远了，老百姓都是这么想的。

问：现在村里面的村干部有挨家挨户地走访跟村民说雄安新区建设的事情吗？

答（杨建亭）：有，都走了一遍了已经。

答（杨副书记）：我们村也是有很多宣传，哪家不是都走过一次、两次的了。我们村的老百姓说实话都是真心高兴，对习主席的政策坚决拥护。这说到底是原来做梦都不敢想的事儿都实现了，大家都非常高兴。

问：那现在村里村民有什么困难吗？

答（杨副书记）：现在的困难就是村里有急需房子住的，房子盖了一半就停止了。

问：现在村里有多少户房子停止盖的？

答（杨副书记）：停止盖的话，现在村里有七八户吧。

问：就是老房子已经拆了，新房还没建成是吗？

答（杨副书记）：老房子已经拆了，还有就是孩子大了，需要结婚了，娶儿媳妇，装修进行一半了，突然就停了。有这么几家，他们也老找村里干部，我们就尽量做工作吧，等新区政策下来以后再做打算。

问：现在土地问题还是一个大问题。

答（杨副书记）：对，现在我们这里的老百姓的土地都是公有的，包括房屋，如果以后真拆了觉得也没有什么不好接受的。但是我们这些老乡都有感情，希望以后别搬太远了，都在一块有什么工作也便于管理。这个还是听党的安排，怎么安排怎么好。

问：您是党员吗？

答（杨建亭）：不是。

问：那您之前是做什么工作的？

答（杨建亭）：以前在村里生产大队当队长、当会计。

答（杨副书记）：那时候就相当于全村的"大总理"，我们俩老在一块。

问：那您儿子现在都做什么工作？

答（杨建亭）：在村支部有一个，老三做毛绒玩具，老二是在北京打工的。

问：大爷您现在一年的收入大概是多少，方便跟我们透露一下吗？

答（杨建亭）：就说我个人吧，现在一年大概是一万多块钱。

答（杨副书记）：平时还在大庙里当庙长，那里得有人维护、管理。

问：那您在村里的威望一定很高！

答（杨副书记）：对，全村婚丧嫁娶，管事儿的就是我们俩，这一条街、1000多户，从生产队那时候就是我们俩。

问：咱村里面有小学吗？

答（杨副书记）：有小学，就在这边也不远，盖的是楼房。

问：大概能有多少学生？

答（杨建亭）：140多个。

答（杨副书记）：现在有3个村的孩子在这里上学，有旁边刘合庄、东王庄都上这里这上学。

问：那小学的老师呢？

答（杨副书记）：都是县里面统一安排的，都是这一片就近安排的。

问：有小学，那初中高中呢？

答（杨副书记）：初中没有，初中得上南阳，离我们这里有五华里。

问：平常看病什么的村里有诊所吗？

答（杨副书记）：有诊所，原来村里有个老卫生院，毛主席那时候就有，现在还有。原来说要搬走我们村老百姓不愿意，因为我们村是镇中心，现在修那个大庙的地方原来就是镇政府，原来人民公社就在那，后来1990年修那个大庙就搬走了，我们这儿原来是人民公社镇政府所在地，搬走20多年了。

问：现在晾马台乡有多少个自然村？

答（杨副书记）：18个自然村，容城县有127个行政村，26万人口。

问：大爷您家有做毛绒玩具生产吗？

答（杨建亭）：有，在自己家里做。

问：那工人也是自家人吗？

答（杨副书记）：忙的时候找工人，不忙的话就自己做，我们这边还是家庭式的小作坊多，大部分是搞毛绒玩具，前些年是搞箱包，女同志背的女包。

问：您现在的房子是什么时候盖起来的啊？

答（杨建亭）：1993年。

问：1993年盖的房子，看起来还很新，重新装修过了吗？

答（杨建亭）：对，这一片连着这是12间，三家连着，一家有四间。

问：大爷您在村里房子是不是算多的了？

答（杨建亭）：房子村里都不少，都差不多，我也不算多的。

答（杨副书记）：我们村村民住房条件都挺宽敞的，他家也不算多，算一般的吧。现在村里还有不少买楼房的。

问：楼房是村里统一盖的吗？

答（杨副书记）：不是，都是个人的，因为这些年我们村里对农田地控制比较严格，不敢动宅基地，现在我们村里买楼房的大部分都上白沟，全村得有50多户。

问：那他们的宅基地还在是吗？

答（杨副书记）：在这呢，有在外面做生意的，为了方便在白沟买楼房。

问：咱们村里现在还有生活很困难的吗？

答（杨副书记）：很困难的我觉得没有了，有些孤寡老弱的、低保户都有政策保障，有低保，共产党都照顾得很好。像村里的军功烈属，我们村每年过年过节都去看望他们，慰问慰问，村里再困难也会拿出相应的资金来，有几个烈属和军属，过春节、中秋节，村里都会进行看望、慰问。

问：现在村里困难的占比例有多少？

答（杨副书记）：现在村里生活困难的占比例不大，现在党的优惠政策好，对我们照顾的好，像那些特困户、孤寡老人，到时候都给送油送面，所以还是要感谢党的政策，真的。

问：咱们村里现在平时都搞些什么活动吗？

答（杨副书记）：有啊，我们村有广场舞，女同志每天晚上都会跳广场舞。

问：大爷您平时休闲时间都会干什么，就您个人来说？

答（杨副书记）：平时就上大庙里上班，白天早上到村里遛遛弯，晚上就和村里人一起聊聊天。

问：您去大庙里是一直都去，也没退休吗？

答（杨副书记）：他现在有低保，还有社保，社会养老保险，每个月农村过60周岁的老人有90块钱。

问：就您在大庙上班的情况来看，您觉得它对当地人生活的影响大吗？

答（杨建亭）：影响不小。

问：平时过年过节大家都会去拜拜、上香是吗？

答（杨建亭）：对，每年的农历三月十五有个大庙会，来这里上香的特别多，从初一到十五整个期间香火都非常旺。到了最旺的时候是农历十三，打十一就开始了，一直持续到十五，每天都四五万人。

问：是周边的村民还是外地来的来上香？

答（杨副书记）：也有外县的、外地的，天津、北京都有，每天都三四万，要从十三到十五那几天得十万人，大庙旁边这几条大街都挤不动，都进不来车。

问：对，看来这个庙是远近驰名啊。有没有说法说这个庙是求什么的？

答（杨建亭）：就是求释迦牟尼，还有皇帝奶奶，三月十五那个就是奶奶庙。

问：奶奶庙是什么意思呢？

答（杨建亭）：这个奶奶庙有3个佛像，后山奶奶、皇帝奶奶和无圣老母。

问：她是保佑什么的？

答（杨建亭）：她就是保佑人生平安的。

答（杨副书记）：来上香就是让人积德行善办好事。

答（杨建亭）：今天是初一，初一、十五来上香的人多。

问：哦，今天是初一，怪不得刚才看到有很多人开车过来上香的。

答（杨副书记）：对对对，现在也有很多，一会领你们过去转转。

问：好，那我们再去村里看看。

答（杨副书记）：走，我领你们去村里党支部看看，正好顺路，又不远。

调研思考

通过对杨建亭老人的采访以及对晾马台村的走访，我们基本了解到了基层群众对于国家政策的反应。对于基层的村民来说，未来新区会怎样发展，虽有一个大致的概念，但缺乏具体的认知。对于他们来说，最重要的往往是与之生活最息息相关的东西——房子、工作等——他们的老房子是否会拆迁？拆迁之后他们要住哪，是否有统一规划？原先村里的产业或厂房会不会搬迁？一旦搬迁，原有的工作怎么办？

诚然，只要是改革就一定会触及部分人的利益，国家新政的出台也必然会给一部分人的生活带来影响。很多时候基层群众难以意识到政策背后的长远影响，对于他们来说，好坏都体现在自身的一亩三分地。政策的执行者应该做好沟通、协调、探访的角色，把国家政策和基层群众联系起来。同时，政策的制定者应该充分听取基层的声音，从群众的根本需求出发，使得政策和规划真正做到以人为本。

第二节　脚踏实地，展望未来
——访容城县晾马台村村委副主任张海山

2017年5月26日上午，我们来到容城县晾马台村，蓝天白云笼罩下的村庄显得格外宁静和谐。走在空旷而又闲适的乡间道路上，沿途偶尔能够见到一些行人，卖豆腐的妇女骑着三轮车、敲着小木板走街串巷，一棵枝繁叶茂的大树下围坐着说说笑笑的村民，得知我们的来意，她们对我们投以真诚的微笑，并向我们推荐了站在路口的老大爷作为采访对象。上前寒暄之后才获悉，这位热情健朗的大爷不仅健谈，还是一位村干部。得知我们的来意之后，他表示愿意毫无保留地向我们透露关于新区建设对当地居民生产生活的影响。热情的张大爷邀请我们去到他家中进行采访。

张大爷的厂房和庭院，与周边的屋舍相比，更显气派恢弘。在老人家门口，我留意到一位头发染黄、脖挂金链、戴着墨镜的30岁左右时髦男子正勤快地洗刷着一辆马自达轿车。老人告诉我们这是自己的儿子。至于天津的车牌号，则是因为其子趁着之前往来天津与客户谈业务之便，就地办理的。走进厂房，让我们好奇的不是自制的电动遥控电梯、成批量代销的精美毛毯成品、一应俱全的初级加工机器和不亦乐乎进行加工生产的农村闲置女性劳动力，而是这家厂房的墙壁竟然全部没有被粉刷。张大爷告诉我们村里每天都会有宣传车一遍一遍的带着大喇叭宣传，张大爷家的新厂房建成没多久，一切都到位了就

受访者张大爷的家中

差铺地板和刷墙了,但自从 4 月 1 号政策出来后,原本的厂房装修计划也被迫停止了,现在的厂房只有一个房间是装修好的,其他的地方都仅仅刷了层水泥而已。

张大爷表示,从事建筑行业的村民已经处于失业状态,无所适从,他们现在就等于是待在家里没活儿干了。虽然政策严,但不差钱的张家人还是忍不住改善一下厂房条件。他们为厂房里的休息室铺了地板砖、墙也被粉刷的雪白干净。这间屋子可能是老人晚上在此看护厂房的居所,因为里面摆好了沙发和茶几。毋庸置疑,除非类似今天的特殊情况,一般人来访,张大爷绝对不会轻易打开这间房门。而这间屋子的另外一大亮点,就是摆满了可爱的绒毛玩具。张大爷笑称:"我们这里的玩具厂和绒毛厂加工水平比国营厂子还厉害,我们走个量啊,就以多取胜。所以我们就这些东西多得是。"随后,张大爷带着我们上了二楼和三楼。

坐着简易的自制电梯,好奇之余还有着隐隐的不安。老人看出我的神色后向我保证,这个自制电梯看似不起眼,但是造价不菲,投资了近万元。来到二楼三楼的机器生产间,有几个女工正在工作,地上堆积着许多布料和代加工的毯子。不知这些堆积的货物是不是也像昨天我们走访的村民所说的,由于销路不畅而导致的存货滞留呢?张大爷看出了我们的隐忧,告诉我们这些都是已经加工好的,准备交给客户的成品毛毯,现在订单量并没有因为新区的建立而有所减少。他随即指了指机器边上劳作的工人,表示这些都是村子里的妇女,来这里工作每天大约能赚到 100 块,对于她们来说已经足够了。张大爷的工厂不仅实现了自己创业,也带动着其他村民共同致富,这使我们对他产生了敬佩之情。当地的淳朴民风和人们安居乐业的生活状态是我们调研之前没有想到的,而通过与张大爷的交流,着实让我们感触颇深。

当然,最令包括张大爷在内的当地工厂主感到不安的是,一旦新区实施拆迁,怎么补偿、生产怎么继续、安置点在哪儿和原来的生活节奏是否被彻底打乱等问题。他们祖辈居住在这里,面对突如其来的变动,担忧的情绪自然会萦绕在每个人的心头。访谈最后,张大爷还很热情地带我们参观了自己的居所,这是一座四层的楼房,装修精美、家电俱全、家具昂贵、内设监控,甚至还有北方传统的中国风的装修构造和布局。也就无怪张大爷无奈的叹息,现在的生活已经是他们最想要的状态,有房有车有邻居的悠闲日子即将随着新区的崛起而一去不返,未来会怎么样谁也不知道,村民会得到什么,又会失去什么,谁也说不准。但是,张大爷表示,对于新区的建设村民们都是支持的,大家都为自己是新区人而感到骄傲,也希望祖国的未来,人民的未来会更好。

伴着张大爷和善的目光,我们结束了此次的访谈。雄安新区的规划建设依然在有序的进行中,新的生活环境固然会改变他们的生活状态,但他们深知新区

晾马台村村民自家加工厂车间

的建设的重要意义,所以都在为其点赞并配合着政府的工作,这里的淳朴民风再一次感染到我们,也希望雄安的建立能为他们带来更多的曙光。

【采访地点】容城县晾马台镇晾马台村

【采访时间】2017 年 5 月 26 日

【采访对象】容城县晾马台村村委副主任张海山

【采 访 人】何仁义、崔啊慧

【整　　理】何仁义、崔啊慧

问：新区建成之后，你们这里是不是都要拆掉？

答：都拆掉。

问：是不是村里面下过文件？

答：没有，还没正式下达。

问：那你们怎么知道要拆？

答：估计的啊，现在都不让盖房子了，一切东西都不能动，都冻结了，不让买也不让卖，屋子里也不让装修。只有急事，结婚的可以，其他的都不装修了，花这钱没用。

问：村里的年轻人是不是都在外面打工或者在镇上工作？

答：我们这没有打工的，自己家都有厂子。

问：家家户户都有厂子？

答：对啊，家家户户都有，都有玩具厂啥的。

问：这边有养猪的对吧。

答：养猪的少啊，有那么一两户以养猪为主，其他主要还是做玩具，加工玩具。

问：现在的加工有没有受到新区建立的影响啊？订单变少了，货堆积啊什么的。

答：没影响，现在订单倒多了，因为将来要停产，外地商人都着急，像我们厂子现在都干不过来了。

问：怎么了呢？

答：我们属于毛毯厂，主要就是加工制作各种毛毯制品，新区对我们来说目前还没什么影响。

问：能看一下您的厂房吗？

答：可以，这边是库房，那边是厂房，里面有工人在工作。

问：您觉得政府在新区建设中有没有考虑到老百姓的利益？

答：现在政府考虑老百姓的利益考虑到哪了，咱也不知道，整个村都冻结了，啥也不让盖，不让动。老百都不在意这个事了，你看4月1号到现在没有动静，只是每天大喇叭广播，不叫动土、不叫盖房、不叫建设、土地买卖、房屋买卖啥的。

进到厂房一楼，张大爷给我们看了唯一装修过的一间房，其他的都只是涂了水泥，没有装修。

问：堆在这里的货是怎么回事啊？

答：这是等着出货的，等厂家来装货。基本上咱们这毛毯的出厂价就在6块、7块、8块，挺便宜的，我们就是以多取胜，有的比国营厂子还厉害。咱这是自己的厂子，工人一小时10块钱，干10个小时是100块，就可以了。就整个村子来说，就我这个厂子是做毛毯的，其余都是做毛绒玩具的。

我们坐上张大爷厂房里自制的电梯来到二楼。

答：这是车间，车间今天有3个工人没有来。

车间里，有几个女工正在工作，缝纫机的轰隆声掩盖了我们的说话声。

答：许多村民也不把这个当回事了，就等着搬家吧。政策出来，叫他们搬他们就搬，不叫搬还自己干。

问：新区建立对您的生意没有影响，但我昨天走访的一家布料厂，他的货就销不出去，您知道是怎么回事吗？

答：他应该没有影响啊，销不出去就是销不出去，与新区的建立没有关系，新区对咱们厂子一个影响也没有。那个有污染的厂子，你像羽绒厂，它本身就有污染，那就必须得关张，就算不搬家也应该关张。

问：但是布料厂主认为是新区建立后，县城里的商家货量少了，货就走不出去了。

答：货源走不出去不是今年走不出去，而是他一开始就卖不好，与咱们新区没影响。现在新区建成了以后订单只会多，因为订单都奔你新区来了。客户来了之后，只要你的货好，订单就会多，不可能新区建成了之后，我厂子不行了，那是你本身就不行的厂子。

问：如果新区要搞拆迁，你看你这厂房这么宽敞，要是拆迁会不会对你造成损失？

答：那对我损失大多了，我现在这厂房这车间，你看这么大，拆了以后肯定是要小，不可能再有那么大平米。就算会给安排地方那也得交租金啊。

问：国家统一安排地，你们还得交租金？

答：那你得交租金啊，租金不可能那么便宜啊。

问：如果把您这厂房拆了，您还会继续做吗？

答：我不能停，搬哪都干。

问：如果继续干，您这机器都得挪走？

答：挪走，那面还有大型机器呢。

问：那您搬走这段期间，这机器和工人都没安顿好，是不是就得停工一段时间？

答：我们就一边搬家一边生产，不然客户那边没法交代。现在凡是做毛绒玩具、毛毯、服装的，都是一边生产一边搬家，都是有订单的。

问：您看咱这个地方，也不能装修，是不是很多小工、瓦工都失业了？

答：现在失业了，现在他们全失业了，没事干了。

问：那这里的饭店，会不会因为租金上涨而停业？

答：现在饭店可忙啦，人们没空做饭的时候都会去饭店吃，有时候根本就排不上号。租金涨了，但生意没有受到影响，也就不会停业。

问：您干这行多少年了？

答：我这干十几年了，本都收回来了。

问：您是村长吗？

答：不是，就是大队里面管点事，副主任吧。

问：您开这个厂等于也带乡亲们致富是吧。

答：对，这都是咱们当地人，当地老百姓。

调研思考

容城县晾马台村的村民们在这方宁静而安逸的土地上安身立命,世代流传的淳朴民风和勤劳乐观的精神已融入他们的血液,靠着双手用智慧和汗水筑起幸福美满的丰富生活。以加工业为主是晾马台村的主要特征,家家户户实现自主创业,加工制作的产品远销国内外,以量取胜的加工业成为村民们的主要收入来源。通过走访,我们感受到村民对于自家产业发展的信心,以及对于雄安新区设立后的激情澎湃与满怀期待。

深深植根于这片热土的晾马台村民们多以加工制造业为主,很少有外出打工的,而看似坚固的制造业背后也存在着不少隐忧。首先,处于产业链的较低端,制造的产品多是以客户的要求为标准进行简单加工,科技含量及操作难度都较低,因此获取的利润也就较少。其次,产品缺乏创新理念,未形成品牌及整套设计生产流程,多以大批量生产为主,没有自己的设计也就无法带来品牌效益。

另外,调研发现,该村村民大多文化程度不是很高,年轻人也很早就出来工作或创业,对于教育的重视程度不是很高。当然,也有一部分人对于教育十分重视,让孩子从小接受良好的教育,多出去走走,增长见识。教育对于一个地区的发展来说是十分重要的,教育水平的高低也直接地反映出该地区的整体素质及经济发展状况。

建立雄安新区必然会对晾马台村带来翻天覆地的变化,未来的区域规划、土地建设、产业升级也定将对村民的生活产生巨大影响。而面对未知,晾马台村民表现出的乐观淡然令人惊喜,相信新区的发展也会给他们带来惊喜。

第三节　慌乱与不安：个体经济的就业转型
——访容城县大河镇个体户高彦振

2017年5月25日晚，我们来到容城县内最热闹的休闲娱乐聚集地——三贤文化广场。晚间凉风习习，刨冰车前生意冷清，我们才有机会和摊主聊天。刨冰车老板名叫高彦振，和我们先前所采访的对象有所不同，在雄安新区刚刚起步建设、一切都还处于未知的阶段，他首先感受到的不是家乡即将迎来重大变革的欣喜，而是政策风向转变所带来的直接挑战——失业。

高彦振是容城本地大河镇人，在雄安新区正式建立之前，他本是一个从事家居装修行业的"小老板"，专业上门帮忙安装暖气、灯饰、太阳能，每年都能保证小20万元的收入。然而，就业结构的调整却让高彦振一家面临着严肃的失业和转业问题。原先顺风顺水的家居建筑业被瞬间喊停，高彦振被迫放弃高薪工作，重新开始个体创业，而转型期间的巨大成本消耗，更是加剧了他内心的不安情绪。选择从事个体经营对高彦振来说其实是一个妥协的选择，在最后作出转行决定之前，他也一直在观望整体家装行业，希望能够在新区建成之前形成自己成熟的整装团队。然而受限于资金和门面，高彦振只能暂且退而求其次，从刨冰车开始从头再来。刨冰车的个体生意也有好处，第一是城管对摊贩管控力度较小，第二是因为县里没有大型商场，三贤文化广场的客流量也一直不错，尤其在夏天，生意也可以带得起来。

高彦振家中共有5口人，父母、妻子和唯一的孩子。孩子今年18岁，在县里的高中读毕业班，正在为即将到来的全国高考做最后的冲刺。相对于自身的失业难题而言，自家孩子的教育和未来，更是让他感到迷茫、无计可施。孩子本来就对读书不感兴趣，作为父亲的高彦振也一心想让孩子学门技术，最好是继续从事自己的家当——家居装修。然而政策变化打乱了他对孩子的原本规划，目前他正在重新思考孩子的未来打算，但考虑到独生的因素，高彦振仍然表示会愿意让孩子在本地就业，寻求一份中规中矩的工作。

在容城，有很多人靠自身手艺、技术和劳动谋生，在接受完素质教育之后选择进入职业学校学习技术，专业限制往往意味着就业弹性的缺乏。因此在失业的强劲冲击下，他们首先感受到的是无处安放的慌乱与不安，同时又对新政抱有迫切期望，渴求改革措施尽快落实。一天看不见明确的条文条例，他们只能继续靠摆摊这样的方式来维系这种幸福感低下的日常生活。

第六章 期待与期盼

【采访地点】容城县三贤文化广场

【采访时间】2017年5月25日 18：20—19：00

【采访对象】个体商户经营者高彦振

【采 访 人】孙江华、周长城、齐畅、陆乐仙子

【整　　理】陆乐仙子

问：您好，我们是中国传媒大学的老师和同学，想对容城民生教育方面做个调研，可以采访您几个问题吗？

答：可以。

问：您家有孩子吗？

答：有，孩子今年都18岁了。

问：那应该是高三？正在准备高考？

答：对，高三，还有十几天就要高考了，现在在学校里复习。

问：孩子现在是在县里上高中？

答：对，就县里那一所高中，远了上学不放心，也没什么必要。

问：孩子平时学习成绩怎么样？

答：成绩不好，考大学挺困难的，想先读完高中再做下一步打算。

问：那孩子有说将来想从事什么职业吗？

答：他也没说过，将来要么就是读书，要么就是学点技术养活自己。

问：家里还有别的孩子吗？

答：没有，就一个。

问：那雄安新区成立以后，有没有考虑说再要一个？

答：这方面还没考虑，以后可能会想一想。

问：雄安新区成立以后对您的生活影响大吗？

答：影响怎么不大？原来的工作都丢了，现在只好在这摆摊，要转业，不转耽误赚钱啊，孩子这边还要读书。

问：那您原来是做什么的？搞建筑？

高彦振天生的乐观与妻子一脸无奈形成鲜明对比

答：以前我帮人装装暖气、灯具、太阳能，现在政策一出来，建筑业都被叫停了，我们失业没人管，没活干也没办法。

问：您之前大概一年收入是多少？

答：我一年大概挣个20多万吧。

问：那算是个小老板？自己组建了一个装修团队？

答：也算不上老板，就是雇了两个人一起干，发发工资。

问：那怎么想着来这里摆摊卖水果捞了？

答：我原来是想说要做整装的，家居整装，未来成立新区以后肯定都是统一装修、安装地暖，哪里还有人说今天找人装个热水器，明天装个太阳能。我现在还是在观望这一块，最大的问题是没有门面，这个前期投入太大了。

问：看来您对家装这个行业很了解啊，孩子将来会走这条路吗？

答：原来也是想让他毕业后学点技术，帮别人搞搞装修，一年挣个8到10万也差不多。问题就是现在装修这条路走不通，也不知道以后让他学点什么好。

问：那您是希望孩子以后是就在新区就业，还是说让他去其他地方发展？

答：肯定是本地就业好啊，家里就这么一个孩子。

问：现在这边的生意好吗？

答：生意只能说还可以，马马虎虎，赚的肯定没有原来多。

问：看这边晚上人还挺多的，小孩子也多。

答：对，夏天快到了，县里没什么商场，娱乐的地方也少，大家就喜欢晚上到广场上来玩，这样我们生意也好一点。

问：城管会经常来管广场上的摊贩吗？

答：不管，这里附近大大小小的摊贩太多了，管不过来。要是这都管我们也不会来这摆摊。

  问：那您现在对成立雄安新区的态度是怎样的？

  答：怎么说呢，我现在还没享受到成立新区以后的好处，反而丢了工作让我挺焦虑的。现在态度比较矛盾，政策还没出来，不能说好还是不好。

  问：您对雄安新区的未来有什么话想说？

  答：希望尽早落实吧，让我们尽快安顿下来。

  问：好的，感谢您的配合！希望您生意红火！

调研思考

遇见高彦振是我们调研过程中的一件幸事：听见改革浪潮中不同立场但同样真实的声音，是我们作为调研者的幸运；即使面临就业转型的迷茫和摇摆不定，却仍然保持乐观积极的生活情绪重头来过，是高彦振的幸运；汇聚在这片热土上的人们为实现共同理想而努力奋斗，是雄安新区的幸运。

改革的红利从天而降，雄安新区瞬间成为举国关注的焦点，各种"暴富""户口""投资"的标签纷至沓来，迅速勾勒出一个即将改天换地的城市形象。然而在媒体聚光灯的强烈照射下，这座城市的真实面貌却在不断被虚化。这里同样也有和我们一样每天为生活奔波的普通人，有华灯初上热闹非常的广场舞，有邻里之间的喜怒哀乐，有一家三口的稀疏平常。

调研组在刨冰车前进行采访

高彦振的不安和慌乱弥足珍贵，遭受就业转型打击的他既接受现实，同时也保留着他对美好未来的憧憬和向往。高彦振只是一个小小的缩影：改革不是一蹴而就，其中必然会产生波折和变动，如何能够让改革前期所产生的负面影响最小化，让每一个改革有关的人都能够感到满足，仍然是一个需要探索的问题。

第四节 期待与担忧：雄安人的朴素情感
——访容城县居民朱振宇

2017年5月25日傍晚，我们小组来到了当地人不约而同推荐的地方——三贤文化广场。这里生活气息极其浓郁，小商小贩在兜售各种物品，下班的年轻人们闲逛聊天，小朋友们追逐玩耍，老年人们锻炼身体……各色人等构成了一幅当地的全景民俗画。

在健身器材上玩耍的孩子

在三贤文化广场旁边，一位年轻的父亲正在和小儿子玩耍。我们上前了解得知，这是一位叫做朱振宇的80后父亲，是县医院的骨科医生，今年35岁。儿子7岁，名叫朱越泽，即将上小学。征得同意后，父子俩接受了我们的访谈，使得我们对当地人的生活有了更加深入的了解。

父亲的文化程度较高，言谈举止之间有着高级知识分子

对朱振宇父子进行采访

239

的娓娓道来之感。他对雄安新区的新闻非常关注,作为父亲和儿子,他的关注点尤其集中在了教育与医疗上。

关于教育,他认为县城目前的教育水平总体比较令人满意,准备让小儿子去教育水平较好的沟西小学就读,小学毕业后再去妻子工作所在的县城中学。他认为雄安新区的教育建设一定会越来越好,与北京的交流与合作也定会增多。更让他感到开心的是,等儿子 10 年后长成青年的时候,雄安新区的教育体系一定会十分完善了,"他们是幸运的一代"。

另外,医生的身份让他见到了很多的独生子女面对年老父母的养老压力问题,二胎已经列入他的计划。雄安新区日后关于教育的发展与建设无疑令这位年轻的父亲充满了自信心。

与对教育的积极乐观不太相同的是,朱振宇对于养老问题的态度是矛盾的。作为一名医生,他 4000 多元的月薪为他带来了比较富足的日常生活,但工作压力较大,基本没有闲暇时间,而在农村生活的父母年龄越来越大,面临养老问题。

雄安新区建成后的老人生活是他担心的最大问题,习惯在农村生活的老人们未来是否会适应?未来的养老与医疗服务体系能否覆盖这些农村老人们的需求?另外,小县城到中心城市的巨大跨度太大,令他感到这个过程很大可能会遇到一定的挫折,比如宣布成立雄安新区之后,当地物价已经开始上涨。但前景总体上说还是美好的。

最后我们采访了 7 岁的朱越泽,他怯生生地说自己想上学,喜欢上学,爸爸工作很累没时间陪自己,但还是希望自己和爸爸一样做医生。比起在家乡,他希望以后可以去远方。

偶遇的这对父子是令我感到惊喜的,他们无疑会是雄安新区原住民中精神和物质收获较为丰厚的群体的代表,我们也期待雄安新区为他们带来生活上的变化,尤其是心境和思想上的变化与适应。

【采访对象】容城县三贤广场

【采访时间】2017年5月25日19：00—20：00

【采访对象】容城县医院骨科医生朱振宇

【采 访 人】孙江华、周长城、陆乐仙子、齐畅

【整　　理】周长城

问：请问您是在哪居住的？做什么工作？

答：在容城城内，我是县医院的骨科医生。

问：孩子准备上哪所学校？

调研组在三贤文化广场的合影

答：小学准备在沟西，初中高中在县城。

问：您的祖籍在哪？是农村还是城市？

答：父母都是农村的。

问：您是从农村考出来上的大学？

答：是的，容城的教育还可以。今天我听到一个消息，人民大学要和这边搞合作，不知道确不确切，还不知道具体模式。我们县医院跟北京的中医医院在大概一个月之前签订了技术合作。我觉得成立了雄安新区了之后，对我们的影响比较大。现在好像过几天就有一个新的消息传出来，对以后的发展还是比较有利的。

问：您感觉以后我们整个地区的教育和医疗会是什么状况？

答：肯定是越来越好，必然的。以前家境比较好的、交通便利的会去保定和北京，一个是不利于本地区的一些发展，再一个老百姓有些病其实在本地就能看，会给首都增加压力，对病人本身的影响也不好。一个是花费比较多，一个是看病太困难了。

我去北京看过病，实在是太困难了，所以我觉得国家出台这些政策，包括教育和医疗这些方面，是非常好的。

问：您对孩子以后的规划是什么样的呢？

答：我孩子还小，等他上高中和大学。（教育系统）就会比较健全了。他们是比较幸福的一代。再有一点，（我）对老人这方面会有一些担忧，因为父母都是农村的，所以养老这一块心里没底。我们这一代上有老下有小，就是对养老和教育是比较关心的。

问：您觉得这些以后都会有很好的保障吗？

答：我觉得应该是。刚开始可能不会特别顺利，因为现在的实际情况，突然间由一个小的县城到一个副中心，这个跨度有点儿大。一些基层的实际情况，不是特别好解决。但是大的方向肯定是往好的方向发展，会逐步健全的。

问：打算再要一个孩子吗？

答：哈哈，看吧。有这个打算。

问：觉得建立了雄安新区再有一个孩子会更好一些？

答：在成立新区之前我也有这个想法，从国家放开二胎政策就有。因为我们做医生的，接触的老年人比较多。有时候确实发现一个孩子照顾不过来，孩子也有工作，压力很大，老人也照顾不好。

问：现在家里孩子的文化消费多吗？

答：孩子现在上幼儿园，这个不多。现在学校里也发一些教材，会买一些图画书之类的。

问：孩子有课外班吗？

答：没给他报，但同龄人中间挺普遍的。学什么的都有，画画的、唱歌的、乐器的。

问：为什么没给孩子报呢？

答：这个孩子不听话（笑）。他特别爱动，开始给他报画画儿（班），想让他安静一点儿，结果上不了。今年准备让他学跆拳道。

问：您工作之余有什么休闲呢？

答：现在我们说实话没什么休闲，工作比较紧张。最近县医院发展得很好，从孩子出生那年建成了新的综合楼，病人量明显增多了。除了下夜班时间没什么休息的时间。

问：下夜班一般是几点呢？

答：我们一般上夜班五点半或者六点接班，到第二天早晨八点。如果第二天有手术，还要参加手术。我们没有周末。我觉得不光是我们这儿，现在全国，最起码保定地区，我们和保定地区的专家交流的时候发现现在医疗方面都比较紧张，现在我们这里，包括保定市里可能48小时就直接值（班）下来了，甚至时间更长。

问：那您收入怎么样？

答：收入在县城中还可以，骨科主要是做手术。大概都加起来有4000多元，按照县城的收入水平应该还是可以的。

问：平时花费最多的是什么呢？

答：这个我还真没算过，就是日常生活。因为出去玩儿也不现实，这方面花钱很少，父母身体不太好有时候买买药、做做检查这样。我觉得生活还是可以的。

问：那您担心以后物价的问题吗？

答：担心，这个确实有所担心，因为现在开玩笑说，雄安新区建设没什么明显起色，物价已经有点上涨了。

调研思考

总体上看来，当地整体的幸福指数是非常高的，人们很少背井离乡，多数选择在当地求学、工作、结婚、生子，均能达到自给自足的生活状态。以朱振宇父子为代表的中产阶级尤其是幸福感较高的代表。

但这样富足状态之下也确实存在着隐忧，长期以来习惯了小镇和乡村生活的人们该如何面对未来几年家乡翻天覆地的变化？是否能够适应一个国际型大都市的迅速崛起？他们的生活方式该如何迎接这样的变动？这些问题在他们心中隐隐地担忧着。

对于雄安新区的建设，目前在当地百姓的想象中是抽象的，只是一个名字和符号，而没有具体的想象和自身未来的打算，当地居民未来该何去何从是一个悬而未决的问题，这一点让他们既踏实又不安，踏实是因为相信雄安新区一定会好的这份信心，不安是路究竟该怎么走尚不知。或者说是：前景光明但前路尚不明朗。

后 记

2017年4月，一个崭新的春天故事在燕赵大地拉开了历史序幕。一个名叫"雄安"的新区在华北平原横空出世，成为继上海浦东新区和深圳特区之后又一个具有全国意义的国家级新区。雄安新区将以"千年大计、国家大事"的战略高度，高起点、高标准、高规格地投入建设。

对于大多数人来说，雄安新区是一个陌生的存在，雄安新区所辖三县雄县、安新县和容城县是三座名不见经传的小县城。由于现有开发程度较低、经济发展水平较弱、发展空间比较充裕，雄安新区被喻为"一张白纸"，但实际上三县有着非常悠久的历史，三县共辖20镇9乡557个行政村，现有常住人口104万人，独特的自然地理环境和经济产业环境使得这片区域已经形成较为定型的发展面貌。新区成立后，这里很快将会迎来翻天覆地的变化，这里现有的建筑、产业、居民、文化等很可能将会成为历史。对于未来雄安新区的建设和发展而言，有必要将雄安的历史传承和当下的基础现状纳入研究视野。

作为教育部直属高校中第一家专门服务雄安新区建设的高校智库机构，中国传媒大学雄安新区发展研究院秉持理论联系实践、学术探索与田野调查并举的研究宗旨，在研究院揭牌成立后的一个月便发起组织校内师生奔赴雄安新区，开展第一次为期4天的大规模田野大调研。此次调研兵分四路，160余名师生分赴雄县、容城县、安新县和白洋淀地区28个村落，集中考察"三县一淀"现有的自然风土民情、经济产业格局、民俗民间文化和居民生活现状，并形成一系列专题性研究报告、访谈报告、调研手记和影像资料。本书收录的25篇访谈报告，从产业与企业、渔猎与营生、乡情与民情、民俗与民乐、文人与文化、期待与期盼六个不同维度，对这几十个刚刚被纳入雄安新区范围内的村落进行全景式扫描和观察，并在与基层领导干部、企业负责人、产业工人、百姓村民等当地民众的交流访谈中，切实感受到新区建设过程中所应该妥善考虑的产业转型升级、生态景观保护、历史文化传承以及民生民情民意等问题。这些问题的提出和思索，也正是下一步我们展开更深入研究的起点和基础。

《雄安新区发展研究报告（第三卷）》的组稿工作，得到了雄安新区发展研究院学术委员会及中国传媒大学经管学部中青年学者和博士、硕士研究生的大力支持。本报告收录的文章均为本次调研活动中的真实访谈报告，篇末调研思考是采访者在实地调研基础上的感悟和思考，仅代表个人观点，不代表雄安新区发展研究院立场。现按照本书目录顺序，对每篇文章的采访人和作者简介如下：

第一章第一节　**从家庭作坊走向外贸产业**。采访人杨剑飞、王若晞、倪嘉玥、李渊。杨剑飞系中国传媒大学经管学部助理研究员，王若晞、倪嘉玥系中国传媒大学经管学部硕士研究生，李渊系中国传媒大学经管学部本科生。

第一章第二节　**以箱包制造产业构建特色产业集群**。采访人张秀红、周慕超、徐春晓、徐婷婷。张秀红系中国传媒大学经管学部副教授，周慕超系中国传媒大学经管学部教师，徐春晓、徐婷婷系中国传媒大学经管学部硕士研究生。

第一章第三节　**服装企业优化升级的经历与经验**。采访人王大为、张琪、杨芷青、高子健。王大为系中国传媒大学经管学部教师，张琪、杨芷青、高子健系中国传媒大学经管学部本科生。

第一章第四节　**民营支柱企业的转型困惑**。采访人闫玉刚、刘静忆、张嘉露。闫玉刚、刘静忆系中国传媒大学经管学部副教授，张嘉露系中国传媒大学经管学部硕士研究生。

第二章第一节　**白洋淀放鹰人：村落复兴的重要力量**。采访人齐骥、徐亚玲、宋鹏。齐骥系中国传媒大学经管学部副教授，徐亚玲、宋鹏系中国传媒大学经管学部硕士研究生。

第二章第二节　**荷花淀中的"守望者"**。采访人齐骥、宋鹏、徐亚玲、高国丽。齐骥系中国传媒大学经管学部副教授，宋鹏、徐亚玲、高国丽系中国传媒大学经管学部硕士研究生。

第二章第三节　**芦苇经济："小金条"时代的消逝**。采访人宋鹏、高国丽。宋鹏、高国丽系中国传媒大学经管学部硕士研究生。

后 记

第二章第四节　**濒临失传的传统技艺**。采访人齐骥、徐亚玲，齐骥系中国传媒大学经管学部副教授，徐亚玲系中国传媒大学经管学部硕士研究生。

第二章第五节　**知鱼善捕的老镇长**。采访人蔡晓璐、张天意、黄卓昕、郭涵喆。蔡晓璐系中国传媒大学经管学部讲师，张天意、黄卓昕、郭涵喆系中国传媒大学经管学部硕士研究生。

第三章第一节　**渔猎记忆，乡情悠悠**。采访人张红，刘迪，张迪，付诗琦。张红系中国传媒大学经管学部副教授，刘迪，张迪，付诗琦系中国传媒大学经管学部硕士研究生。

第三章第二节　**华北平原腹地上的新农村**。采访人张秀红、王叶。张秀红系中国传媒大学经管学部副教授，王叶系中国传媒大学经管学部硕士研究生。

第三章第三节　**平静的生活即将起波澜**。采访人宋朝丽、乔阳、徐妤涵。宋朝丽系中国传媒大学经管学部博士研究生、副教授，乔阳、徐妤涵系中国传媒大学经管学部硕士研究生。

第三章第四节　**小规模企业的发展与挑战**。采访人刘江红、何雅君、陈悦。刘江红系中国传媒大学经管学部副教授，何雅君、陈悦系中国传媒大学经管学部硕士研究生。

第四章第一节　**民俗深厚的圈头村音乐会**。采访人郑波、赵雯平、罗梦雪、郭泽华。郑波系中国传媒大学教务处教师，赵雯平、罗梦雪、郭泽华系中国传媒大学经管学部硕士研究生。

第四章第二节　**民间圣乐，古韵悠长**。采访人周洁、冯明园、李锦、许梦媛。周洁系中国传媒大学经管学部博士后，冯明园、李锦、许梦媛系中国传媒大学经管学部硕士研究生。

第四章第三节　**传承百年的王派西河大鼓**。采访人邵晓宁、李伊茗、关卓伦、杨红。邵晓宁、李伊茗、关卓伦系中国传媒大学经管学部硕士研究生，杨红系中国传媒大学经管学部教师、副研究馆员。

第四章第四节　**喉清韵雅：白洋淀音乐的先行者**。采访人杨剑飞、倪嘉玥。杨剑飞系中国传媒大学经管学部助理研究员，倪嘉玥系中国传媒大学经管学部硕士研究生。

第五章第一节　**忠臣之后：杨氏家风遍故里**。采访人张秀红、孟伟、任泽阳、张钰、王叶。张秀红系中国传媒大学经管学部副教授,孟伟、任泽阳、张钰、王叶系中国传媒大学经管学部硕士研究生。

第五章第二节 **曲径通幽处:白洋淀诗书画院的文人风骨**。采访人魏晓阳、邹千江、陈娴颖、李强、苏粤、庄蓓蕾、王莹、贾瑞凯、鲁浩然、刘宇。魏晓阳系中国传媒大学经管学部教授,邹千江系中国传媒大学经管学部副教授,陈娴颖系中国传媒大学经管学部助理研究员,李强系中国传媒大学经管学部博士研究生,苏粤、庄蓓蕾、王莹、贾瑞凯、鲁浩然、刘宇系中国传媒大学经管学部硕士研究生。

第五章第三节 **白洋淀旅游"品"文化**。采访人方英、刘凯。方英系中国传媒大学经管学部教授,刘凯系中国传媒大学经管学部硕士研究生。

第五章第四节 **安新县公共文化服务的发展现状**。采访人高萍,郭孟媛,李亚茹,李大伟,张钦。高萍系中国传媒大学经管学部副教授。李大伟,张钦系中国传媒大学经管学部硕士研究生。郭孟媛,李亚茹系中国传媒大学经管学部本科生。

第六章第一节 **站在新起点,拥抱新生活**。采访人周慕超、陈嘉颖、刘瑜、赵爽。周慕超系中国传媒大学经管学部教师,陈嘉颖、刘瑜、赵爽系中国传媒大学经管学部硕士研究生。

第六章第二节 **脚踏实地,展望未来**。采访人何仁义、崔啊慧。何仁义、崔啊慧系中国传媒大学经管学部硕士研究生。

第六章第三节 **慌乱与不安:个体经济的就业转型**。采访人孙江华、周长城、齐畅、陆乐仙子。孙江华系中国传媒大学经管学部副教授,周长城、齐畅系中国传媒大学经管学部硕士研究生,陆乐仙子系中国传媒大学经管学部本科生。

第六章第四节 **期待与担忧:雄安人的朴素情感**。采访人孙江华、周长城、齐畅、陆乐仙子。孙江华系中国传媒大学经管学部副教授,周长城、齐畅系中国传媒大学经管学部硕士研究生,陆乐仙子系中国传媒大学经管学部本科生。

中国传媒大学雄安新区发展研究院
2017 年 8 月